Cuerpo Administrativo
de la Administración Pública
Regional de Murcia

Noviembre 2025

Curso

MAD360

*La diferencia entre aprobar
y sacar plaza*

Cuerpo Administrativo

ADMINISTRACIÓN PÚBLICA REGIONAL DE MURCIA

Si aún no dispones de tu **Curso MAD360**, te ofrecemos un acceso GRATIS de 30 días para que disfrutes de los siguientes recursos:

- Técnicas de Memoria 360.
- MADTEST: Test *online* Nivel PRO.
- Temario en formato digital.
- Vídeos.
- Esquemas.
- Planificación de estudio.
- Foro entre opositores hasta la fecha del examen.*
- Recursos y novedades exclusivas.
- Consúltanos sobre tu oposición y proceso selectivo.
- Actualizaciones legislativas (Boletines Oficiales) hasta 60 días antes de la fecha del examen.*

Para acceder a esta prueba del Curso MAD360** será necesaria la compra de todos los libros para esta especialidad de la edición 2025.

Regístrate en **mad.es/iniciar-sesion** y en la pestaña MIS CURSOS valida los códigos que encuentras en la última página de tus libros.

NOTA IMPORTANTE:

* Examen de esta categoría profesional correspondiente a la convocatoria publicada en el BORM n.º 226, de 30 de septiembre de 2025, o hasta el 30 de noviembre de 2026, lo que se cumpla antes, y previa renovación del servicio.

** El acceso al CURSO MAD360 estará disponible desde noviembre de 2025 (algunos recursos podrían estar disponibles en fecha posterior). Tendrá una duración de 30 días RENOVABLES mediante pago, desde la validación de códigos, o hasta el 31 de mayo de 2027, lo que se cumpla antes.

MAD se reserva el derecho a ampliar dichas fechas.

Cuerpo Administrativo de la Administración Pública Regional de Murcia

Test del temario

Autores

LIDIA MARINA PONCE MARTÍNEZ
LICENCIADA EN PSICOLOGÍA
MÁSTER EN TERAPIA FAMILIAR Y DE SISTEMAS

FRANCISCO JESÚS TORRES FONSECA
LICENCIADO EN DERECHO

PATRICIA PÉREZ SÁNCHEZ-ROMATE
LICENCIADA EN DERECHO

© 7 Editores Recursos para la Cualificación Profesional y el Empleo, S.L. (7 Editores)
© Los autores
Primera edición, noviembre 2025 (134 páginas)
Derechos de edición reservados a favor de 7 Editores
IMPRESO EN ESPAÑA
Diseño Portada: 7 Editores
Edita: 7 Editores
Avda. San Francisco Javier, 9 · Edificio Sevilla 2 · Planta 11 · Módulos 25-27 · 41018 Sevilla
Teléfono: 954 784 411 · WEB: www.mad.es · e-mail: administracion@7editores.com
ISBN: 979-13-702-8225-7
© "Editorial Mad" y "Eduforma" son nombres comerciales registrados de
7 Editores Recursos para la Cualificación Profesional y el Empleo, S.L.

Índice

I. Organización del Estado y Gestión Administrativa

Test n.º 1. Constitución Española de 1978: Título Preliminar. Derechos y deberes fundamentales: derechos y libertades; garantías y suspensión de derechos y libertades. Control judicial de la Administración 13

Test n.º 2. Estatuto de Autonomía de la Región de Murcia: órganos institucionales. Régimen jurídico. Reforma del Estatuto 17

Test n.º 3. El Presidente. El Consejo de Gobierno de la Región de Murcia. Los Consejeros. La Administración Pública de la Región de Murcia: Régimen jurídico, organización y funcionamiento. Administración institucional 21

Test n.º 4. Régimen jurídico del Sector Público: Ámbito de aplicación y principios generales. Principios de las relaciones entre las Administraciones Públicas. Órganos de las Administraciones Públicas: principios generales y competencia. Órganos colegiados. Abstención y recusación 25

Test n.º 5. Los interesados: Concepto de interesado. Representación. Pluralidad de interesados. Identificación de interesados. La actividad de las Administraciones Públicas: derechos de los ciudadanos. Derecho de acceso a Archivos y Registro. Comparecencia de los ciudadanos. Responsabilidad de tramitación. Obligación de resolver. Silencio administrativo en procedimientos iniciados a solicitud del interesado. Falta de resolución expresa en procedimientos iniciados de oficio. Términos y plazos: Obligatoriedad de términos y plazos. Cómputo. Ampliación. Tramitación de urgencia 29

Test n.º 6. Las disposiciones y los actos administrativos: Disposiciones administrativas. Requisitos de los actos administrativos. Eficacia de los actos. Nulidad y anulabilidad 33

Test n.º 7. Las disposiciones generales sobre los procedimientos administrativos: Iniciación, ordenación, instrucción, finalización y ejecución del procedimiento 37

Test n.º 8. Revisión de los actos en vía administrativa: Revisión de oficio. Recursos administrativos 41

Test n.º 9. Principios de la potestad sancionadora y del procedimiento sancionador. Responsabilidad patrimonial de la Administración Pública. Responsabilidad de las autoridades y personal al servicio de las Administraciones Públicas 45

Test n.º 10. Patrimonio de la Comunidad Autónoma de la Región de Murcia: Disposiciones generales. Bienes demaniales de la Comunidad Autónoma: Afectación, desafectación y mutación de bienes demaniales. Bienes patrimoniales de la Comunidad Autónoma: Adquisición 49

Test n.º 11. Información administrativa y atención al ciudadano en los canales presencial, electrónico y telefónico.. 53

Test n.º 12. Protección de Datos de Carácter Personal: Disposiciones generales. Datos especialmente protegidos 57

Test n.º 13. Ley de Prevención de Riesgos Laborales: Derechos y obligaciones. Servicios de prevención 61

Test n.º 14. Igualdad: Disposiciones generales. Aspectos básicos en los informes de impacto de género. Transparencia y acceso a la información pública: conceptos fundamentales. El procedimiento de acceso a la información pública.. 65

II. Gestión de Recursos Humanos

Test n.º 15. Estatuto Básico del Empleado Público: Objeto, ámbito de aplicación y tipos de personal. Carrera administrativa. Régimen de incompatibilidades.. 71

Test n.º 16. Ley de Función Pública de la Región de Murcia: Objeto y ámbito de aplicación. Clases de personal y régimen jurídico respectivo 75

Test n.º 17. Oferta de Empleo Público y Selección de Personal. Adquisición y pérdida de la condición de funcionario. La carrera administrativa y la provisión de puestos de trabajo. Situaciones administrativas de los funcionarios.. 79

Test n.º 18. Sistema de Retribuciones y Régimen de Seguridad Social. Derechos de los funcionarios. Deberes, incompatibilidades y responsabilidades de los funcionarios. Régimen disciplinario.......................... 83

Test n.º 19. Órganos de Representación, Determinación de las Condiciones de Trabajo y Participación del Personal al Servicio de las Administraciones Públicas: Negociación colectiva y participación en la determinación de las condiciones de trabajo. La participación y el derecho de reunión.. 87

Test n.º 20. La sede electrónica. La identificación y autenticación de las personas físicas y jurídicas para las diferentes actuaciones en la gestión electrónica. El documento electrónico. El expediente electrónico. La Plataforma de Interoperabilidad 91

Test n.º 21. El Régimen General de la Seguridad Social: campo de aplicación. Inscripción de empresas. Afiliación, altas y bajas. Cotización. Acción protectora del sistema de Seguridad Social. Régimen especial de clases pasivas 97

III. Gestión Económico-Presupuestaria y Tributaria

Test n.º 22. Hacienda Pública Regional: Principios generales y derechos económicos. Administración de los derechos económicos de la Hacienda Pública Regional. Obligaciones económicas de la Hacienda Pública Regional 105

Test n.º 23. Presupuestos y gestión económica-financiera: Concepto, elaboración y aprobación de los Presupuestos Generales de la Comunidad Autónoma. Los créditos y sus modificaciones. Ejecución y Liquidación de los Presupuestos Generales de la Comunidad Autónoma. Control Interno e Intervención.. 109

Test n.º 24. Plan General de Contabilidad Pública de la Región de Murcia: ámbito de aplicación. Fines de la contabilidad. Principios contables......... 113

Test n.º 25. La LOFCA: Recursos de las Comunidades Autónomas. Régimen de cesión de tributos del Estado a la Comunidad Autónoma de la Región de Murcia y de fijación del objeto y alcance de dicha cesión: objeto de la Ley; tributos cedidos; rendimiento que se cede; normativa aplicable a los tributos cedidos... 117

Test n.º 26. Ley de Tasas, Precios Públicos y Contribuciones Especiales de la Región de Murcia: Disposiciones generales. Tasas: concepto. Precios Públicos: concepto. Contribuciones especiales: hecho imponible y sujeto pasivo 121

Test n.º 27. Contratos del Sector Público: ámbito de aplicación subjetiva. Carácter administrativo y privado de los contratos. Régimen jurídico de los contratos administrativos. Régimen jurídico de los contratos privados. Requisitos de los contratos y órganos de contratación 125

Test n.º 28. Actuaciones administrativas preparatorias de los contratos. Procedimientos y forma de adjudicación: procedimientos de adjudicación, subasta y concurso. Contrato de obras: objeto del contrato; contratos menores; proyecto y clasificación de las obras 129

I. Organización del Estado y Gestión Administrativa

TEST N.º 1

**Constitución Española de 1978: Título Preliminar.
Derechos y deberes fundamentales: derechos y libertades;
Garantías y suspensión de derechos y libertades.
Control judicial de la Administración**

1. El artículo 10 de la Constitución Española contempla:

a) Que la dignidad de la persona es fundamento del orden político y de la paz social.
b) El primero de los derechos fundamentales contenidos en la misma.
c) La prohibición de lesión a la persona física.
d) La interpretación de la Declaración Universal de Derechos Humanos conforme a la Constitución Española.

2. ¿Cuál de los siguientes no se especifica en el artículo 10.1 como fundamento del orden político y la paz social?

a) La dignidad de la persona.
b) Los derechos inviolables de la persona.
c) La seguridad jurídica.
d) El libre desarrollo de la personalidad.

3. En relación con la dignidad de la persona:

a) En realidad, la Constitución solamente la reconoce a la persona en tanto que ciudadana.
b) Puede verse alterada, jurídicamente hablando, atendiendo a la situación en que la persona se encuentre.
c) No admite grados.
d) Es renunciable y disponible.

4. El artículo 10 de la Constitución Española:

a) No reconoce el valor de los Tratados Internacionales, dándole el máximo y único valor a la Constitución.
b) Dispone que los tratados y acuerdos ratificados por España sirven de parámetro interpretativo de los derechos y libertades establecidos en la Constitución.

c) Reconoce únicamente validez, en relación con los derechos humanos, a la Declaración Universal de Derechos Humanos.

d) Establece que los Tratados Internacionales ratificados por España se situarán en una posición superior en la jerarquía normativa respecto de la Constitución.

5. De la Constitución se desprende que:

a) Los derechos y libertades establecidos en Tratados internacionales no tienen valor.

b) Los derechos y libertades establecidos en Tratados internacionales tienen rango constitucional.

c) Los derechos y libertades establecidos en Tratados internacionales tienen rango constitucional únicamente en la medida en que también estén reconocidos en la Constitución Española.

d) Los derechos reconocidos en Tratados internacionales tienen eficacia directa, por este hecho, en los tribunales españoles, aunque no hayan estado ratificados por el Estado español.

6. En relación con la nacionalidad española:

a) La Constitución establece que solamente se puede adquirir por nacimiento.

b) Se adquiere únicamente por nacimiento, no obstante, un extranjero puede optar a la residencia.

c) Se puede adquirir.

d) Nunca se puede perder.

7. En base a la Constitución Española:

a) Un español nunca puede perder su nacionalidad.

b) Ningún español de origen podrá ser privado de su nacionalidad.

c) La nacionalidad siempre se conserva.

d) No se admite la doble nacionalidad de un español.

8. En relación con la doble nacionalidad:

a) La Constitución Española no la permite.

b) El Estado puede concertar tratados de doble nacionalidad con los países iberoamericanos o con aquellos que hayan tenido o tengan una particular vinculación con España.

c) Solamente se puede reconocer en relación con la nacionalidad de otros países europeos.

d) Solamente se puede reconocer en relación con antiguos países que formaban parte de la Corona española.

9. ¿Cuál de las siguientes afirmaciones es falsa?

a) No es la primera vez que una Constitución Española regula aspectos relacionados con la nacionalidad.

b) La Constitución Española no es la única a nivel mundial que contiene regulación respecto de la nacionalidad de los ciudadanos del Estado.

c) En la Constitución se desarrollan las formas de adquisición, conservación y pérdida de la nacionalidad española, dada su importancia.
d) La nacionalidad es una cualidad jurídica de la persona.

10. En base al artículo 12 de la Constitución Española:

a) Los españoles se pueden emancipar a los dieciocho años.
b) Los españoles se pueden emancipar a los dieciséis años.
c) Los españoles son mayores de edad a los dieciocho años.
d) Los españoles son mayores de edad a los veintiún años.

En MADTEST tienes **más preguntas de este tema**, y todos tus avances quedan registrados y se reflejan en el ranking.

¡Supera tus límites con MADTEST!

Solución al test n.º 1

1. a) Que la dignidad de la persona es fundamento del orden político y de la paz social.

2. c) La seguridad jurídica.

3. c) No admite grados.

4. b) Dispone que los tratados y acuerdos ratificados por España sirven de parámetro interpretativo de los derechos y libertades establecidos en la Constitución.

5. c) Los derechos y libertades establecidos en Tratados internacionales tienen rango constitucional únicamente en la medida en que también estén reconocidos en la Constitución Española.

6. c) Se puede adquirir.

7. b) Ningún español de origen podrá ser privado de su nacionalidad.

8. b) El Estado puede concertar tratados de doble nacionalidad con los países iberoamericanos o con aquellos que hayan tenido o tengan una particular vinculación con España.

9. c) En la Constitución se desarrollan las formas de adquisición, conservación y pérdida de la nacionalidad española, dada su importancia.

10. c) Los españoles son mayores de edad a los dieciocho años.

Estatuto de Autonomía de la Región de Murcia: órganos institucionales. Régimen jurídico. Reforma del Estatuto

1. El Estatuto de Autonomía de la Región de Murcia fue aprobado a través de la Ley:

a) Ley Orgánica 4/1982, de 9 de junio.
b) Ley Orgánica 2/1984, de 6 de septiembre.
c) Ley Orgánica 4/1984, de 6 de junio.
d) Ley Orgánica 2/1982, de 9 de septiembre.

2. ¿De cuántos artículos consta el Estatuto de Autonomía de la Región de Murcia?

a) 45 artículos.
b) 55 artículos.
c) 69 artículos.
d) 82 artículos.

3. ¿Qué título del Estatuto de Autonomía de la Región de Murcia se refiere a los órganos institucionales?

a) Título Preliminar.
b) Título I.
c) Título II.
d) Título III.

4. Según el artículo 2 del Estatuto de Autonomía de la Región de Murcia, los poderes de la Comunidad Autónoma emanan de la Constitución, del Estatuto de Autonomía, y de:

a) El pueblo.
b) La Asamblea Regional.

c) Las leyes.
d) El Tratado de la Unión Europea.

5. La Comunidad Autónoma de Murcia se organiza territorialmente en:

a) Municipios.
b) Municipios y comarcas.
c) Municipios y mancomunidades.
d) Entidades locales e institucionales.

6. La sede de la Asamblea Regional de Murcia está en la ciudad de:

a) Murcia.
b) Lorca.
c) San Javier.
d) Cartagena.

7. La Comunidad Autónoma de Murcia tiene la competencia exclusiva en materia de:

a) Régimen minero y energético.
b) Ordenación del sector pesquero.
c) Propiedad industrial.
d) Espectáculos públicos.

8. Según el artículo 19 del Estatuto de Autonomía, ¿puede la Región de Murcia establecer acuerdos de cooperación con otras Comunidades Autónomas?

a) Solo con las Comunidades Autónomas limítrofes, previa autorización de las Cortes Generales.
b) No, en ningún caso.
c) Sí, en cualquier caso, previa comunicación a las Cortes.
d) Sí, previa autorización de las Cortes Generales.

9. Según el artículo 23 del Estatuto de Autonomía, compete a la Asamblea Regional:

a) La formulación de proyectos de ley.
b) Nombrar al Presidente de la Comunidad Autónoma.
c) Interponer el recurso de inconstitucionalidad, contra leyes, disposiciones o actos con fuerza de ley del Estado que puedan afectar al ámbito de Autonomía para la Región.
d) Elaborar la Cuenta General de la Comunidad Autónoma.

10. La Asamblea Regional fijará por ley el número de sus miembros, que no será inferior a cuarenta y cinco diputados regionales ni superior a:

a) 50.
b) 55.
c) 60.
d) 65.

En MADTEST tienes **más preguntas de este tema**, y todos tus avances quedan registrados y se reflejan en el ranking.

¡Supera tus límites con MADTEST!

Solución al test n.º 2

1. a) Ley Orgánica 4/1982, de 9 de junio.

2. b) 55 artículos.

3. c) Título II.

4. a) El pueblo.

5. b) Municipios y comarcas.

6. d) Cartagena.

7. d) Espectáculos públicos.

8. d) Sí, previa autorización de las Cortes Generales.

9. c) Interponer el recurso de inconstitucionalidad, contra leyes, disposiciones o actos con fuerza de ley del Estado que puedan afectar al ámbito de Autonomía para la Región.

10. b) 55.

TEST N.º 3

**El Presidente. El Consejo de Gobierno de la Región de Murcia.
Los Consejeros. La Administración Pública de la Región de Murcia:
Régimen jurídico, organización y funcionamiento.
Administración institucional**

1. El Presidente de la Comunidad Autónoma es:

a) Nombrado por el Rey, mediante Ley de la Asamblea Regional.
b) Nombrado por el Presidente de la Asamblea Regional, a elección del Pleno de la Cámara de entre sus miembros.
c) Nombrado por el Rey, mediante Real Decreto.
d) Nombrado por la Asamblea Regional, de entre sus miembros, conforme al procedimiento establecido en el Estatuto de Autonomía de la Región de Murcia y en el Reglamento de la Cámara.

2. El Presidente de la Comunidad Autónoma:

a) Puede no ostentar ningún cargo representativo.
b) Puede ser diputado regional y estatal.
c) No puede ostentar ningún cargo representativo más que el de diputado regional.
d) Habrá de ser diputado regional y podrá ostentar la condición de senador.

3. Al comienzo de cada legislatura, tras la celebración de elecciones a la Asamblea Regional, y en los demás casos en que corresponda, el Presidente de la misma, previa consulta a los representantes designados por los grupos políticos con representación parlamentaria, propondrá un candidato a la Presidencia de la Comunidad Autónoma, y convocará a la Cámara para la celebración del Pleno de investidura y elección del Presidente de la Comunidad, en el plazo de:

a) 5 días.
b) 10 días.
c) 15 días.
d) 20 días.

4. La elección de Presidente de la Comunidad Autónoma, en primera convocatoria, requerirá el voto de los miembros de la Asamblea Regional por:

a) Mayoría absoluta.
b) Mayoría simple.
c) Mayoría de dos tercios.
d) Mayoría de tres quintos.

5. Si no resultara elegido el primer candidato propuesto, el Presidente de la Asamblea, formulará sucesivas propuestas en la forma anteriormente establecida, debiendo mediar entre cada convocatoria al menos:

a) 48 horas.
b) 5 días.
c) 10 días.
d) 15 días.

6. El Presidente de la Comunidad Autónoma ejercerá sus funciones desde la toma de posesión, que tendrá lugar en el plazo, a contar desde que se publique su nombramiento en el Boletín Oficial del Estado, de:

a) 3 días.
b) 5 días.
c) 7 días.
d) 10 días.

7. El capítulo IV del título I de la Ley 6/2004 señala como órganos de apoyo al Presidente de la Comunidad Autónoma:

a) La Secretaría Técnica y la Dirección General de Presidencia.
b) La Comisión de Subsecretarios y la Portavocía del Gobierno.
c) La Secretaría General de la Presidencia y el Gabinete de la Presidencia.
d) Las Vicepresidencias.

8. El titular de la Secretaría General de la Presidencia tendrá rango de:

a) Consejero.
b) Director General.
c) Subdirector General.
d) Jefe de Servicio.

9. A efectos de suplencia del Presidente de la Comunidad Autónoma, ¿cuál de los siguientes Consejeros tiene la primera posición en el orden de prelación?

a) Titular de la Consejería de Economía, Hacienda, Fondos Europeos y Transformación Digital.
b) Titular de la Consejería de Presidencia, Portavocía, Acción Exterior y Emergencias.

c) Titular de la Consejería de Educación y Formación Profesional.
d) Titular de la Consejería de Política Social, Familias e Igualdad.

10. El Consejo de Gobierno, reunido en sesión extraordinaria al efecto, a su propia instancia o a la del Presidente, podrá apreciar, que este se encuentra incapacitado, física o mentalmente, de forma transitoria, por acuerdo de:

a) La mayoría absoluta de sus miembros.
b) La mayoría simple de sus miembros.
c) Las cuatro quintas partes de sus miembros, excluido el Presidente.
d) La totalidad de sus miembros, excluido el Presidente.

En MADTEST tienes **más preguntas de este tema**, y todos tus avances quedan registrados y se reflejan en el ranking.

¡Supera tus límites con MADTEST!

Solución al test n.º 3

1. c) Nombrado por el Rey, mediante Real Decreto.

2. d) Habrá de ser diputado regional y podrá ostentar la condición de senador.

3. b) 10 días.

4. a) Mayoría absoluta.

5. a) 48 horas.

6. b) 5 días.

7. c) La Secretaría General de la Presidencia y el Gabinete de la Presidencia.

8. a) Consejero.

9. d) Titular de la Consejería de Política Social, Familias e Igualdad.

10. c) Las cuatro quintas partes de sus miembros, excluido el Presidente.

TEST N.º 4

Régimen jurídico del Sector Público: Ámbito de aplicación y principios generales. Principios de las relaciones entre las Administraciones Públicas. Órganos de las Administraciones Públicas: principios generales y competencia. Órganos colegiados. Abstención y recusación

1. Coordinar la Administración del Estado con la de la Comunidad Autónoma, de acuerdo con lo dispuesto en el artículo 154 de la Constitución Española y el artículo 72 de la Ley 40/2015, de 1 de octubre, de Régimen Jurídico del Sector Público, es función de:

a) El Delegado del Gobierno.
b) El Subdelegado del Gobierno.
c) El Ministro de Política Territorial y Memoria Democrática.
d) El Presidente de la Comunidad Autónoma.

2. Conforme al artículo 74 de la Ley 40/2015, de 1 de octubre, de Régimen Jurídico del Sector Público, los Subdelegados del Gobierno dependen de manera inmediata de:

a) El Delegado del Gobierno.
b) Las Comunidades Autónomas.
c) El Ministro de Política Territorial y Memoria Democrática.
d) El Ministerio de la Presidencia, Justicia y Relaciones con las Cortes.

3. Son órganos directivos de la Administración Central, de acuerdo con el artículo 55.3 de Ley 40/2015, de 1 de octubre, de Régimen Jurídico del Sector Público:

a) Los Secretarios de Estado.
b) Los Subdirectores Generales.
c) Los Ministros.
d) El Presidente del Gobierno.

4. Los Subdelegados del Gobierno en las provincias tienen nivel orgánico de:

a) Director General.
b) Subsecretario.
c) Subdirector General.
d) Secretario de Estado.

5. Según establece el artículo 55.3 de Ley 40/2015, de 1 de octubre, de Régimen Jurídico del Sector Público, son órganos superiores de la Administración General del Estado:

a) Los Secretarios de Estado y Subsecretarios.
b) Los Secretarios de Estado y Secretarios Generales con rango de Subsecretarios.
c) Los Secretarios de Estado y Secretarios Generales con rango de Subsecretarios y los Subsecretarios.
d) Los Secretarios de Estado.

6. La denominación de los ministerios se establece en:

a) La Ley del Gobierno.
b) Ley 40/2015, de 1 de octubre, de Régimen Jurídico del Sector Público.
c) Un Real Decreto del Presidente del Gobierno.
d) Un Real Decreto del Consejo de Ministros, a propuesta del Presidente del Gobierno.

7. De acuerdo con lo previsto en el artículo 55.4 de la Ley 40/2015, de 1 de octubre, de Régimen Jurídico del Sector Público, son órganos territoriales de la Administración General del Estado:

a) Solamente los Delegados del Gobierno y los Subdelegados del Gobierno.
b) Los Delegados del Gobierno, los Subdelegados del Gobierno y los Directores Insulares.
c) Los Delegados del Gobierno, los Gobernadores Civiles y los Directores Insulares.
d) Los Delegados del Gobierno, los Subdelegados del Gobierno y los Gobernadores Civiles.

8. Mantener las necesarias relaciones de cooperación y coordinación de la Administración General del Estado y sus Organismos públicos con la de la Comunidad Autónoma y con las correspondientes Entidades locales en el ámbito de la provincia, corresponde al:

a) Delegado del Gobierno.
b) Subdelegado del Gobierno.
c) Presidente de la Comunidad Autónoma.
d) Presidente de la Diputación Provincial.

9. Las Delegaciones del Gobierno se adscriben orgánicamente a:

a) El Ministerio de la Presidencia, Justicia y Relaciones con las Cortes.
b) El Ministerio del Interior.
c) El Ministerio de Política Territorial y Memoria Democrática.
d) La Presidencia de la Comunidad autónoma.

10. No es un órgano directivo de un Ministerio, de acuerdo con lo dispuesto en el artículo 55.3 de Ley 40/2015, de 1 de octubre, de Régimen Jurídico del Sector Público:

a) El Secretario de Estado.
b) El Subdelegado del Gobierno.
c) El Secretario General Técnico.
d) El Secretario General.

En MADTEST tienes **más preguntas de este tema**, y todos tus avances quedan registrados y se reflejan en el ranking.

¡Supera tus límites con MADTEST!

Solución al test n.º 4

1. a) El Delegado del Gobierno.

2. a) El Delegado del Gobierno.

3. b) Los Subdirectores Generales.

4. c) Subdirector General.

5. d) Los Secretarios de Estado.

6. c) Un Real Decreto del Presidente del Gobierno.

7. b) Los Delegados del Gobierno, los Subdelegados del Gobierno y los Directores Insulares.

8. b) Subdelegado del Gobierno.

9. c) El Ministerio de Política Territorial y Memoria Democrática.

10. a) El Secretario de Estado.

TEST N.º 5

Los interesados: Concepto de interesado. Representación. Pluralidad de interesados. Identificación de interesados. La actividad de las Administraciones Públicas: derechos de los ciudadanos. Derecho de acceso a Archivos y Registro. Comparecencia de los ciudadanos. Responsabilidad de tramitación. Obligación de resolver. Silencio administrativo en procedimientos iniciados a solicitud del interesado. Falta de resolución expresa en procedimientos iniciados de oficio. Términos y plazos: Obligatoriedad de términos y plazos. Cómputo. Ampliación. Tramitación de urgencia

1. ¿A qué capacidad se refiere el art. 3 de la Ley 39/2015, de 1 de diciembre, en relación con las personas físicas?

a) A la capacidad jurídica.
b) A la capacidad para ser titular de derechos subjetivos.
c) A la capacidad para ser titular de deberes jurídicos.
d) A la capacidad de obrar.

2. Los menores de edad, ¿tienen capacidad de obrar ante las Administraciones Públicas?

a) Sí, en todo caso, para el ejercicio y defensa de aquellos de sus derechos e intereses cuya actuación esté permitida por el ordenamiento jurídico sin la asistencia de la persona que ejerza la patria potestad, tutela o curatela.

b) No, en ningún caso; únicamente tendrán capacidad de obrar ante las Administraciones Públicas, las personas físicas mayores de edad no incapacitadas.

c) Sí, para el ejercicio y defensa de aquellos de sus derechos e intereses cuya actuación esté permitida por el ordenamiento jurídico sin la asistencia de la persona que ejerza la patria potestad, tutela o curatela, aunque sean menores incapacitados, siempre que la extensión de la incapacitación no afecte al ejercicio y defensa de los derechos o intereses de que se trate.

d) Sí, excepto los menores incapacitados.

3. Excepto el supuesto previsto por el artículo 3.b) de la Ley 39/2015, de 1 de octubre, los menores de edad no tienen capacidad de obrar ante las Administraciones Públicas, y necesitan de la asistencia de la persona que ejerza la patria potestad, tutela o curatela. En relación con la patria potestad, señala cuál de los siguientes enunciados es incorrecto:

a) La patria potestad, como responsabilidad parental, se ejercerá siempre en interés de los hijos, de acuerdo con su personalidad, y con respeto a sus derechos, su integridad física y mental.

b) El ejercicio de la patria potestad comprende representar a sus hijos y administrar sus bienes.

c) Los hijos emancipados están bajo la patria potestad de los progenitores.

d) Si los hijos tuvieren suficiente madurez deberán ser oídos siempre antes de adoptar decisiones que les afecten.

4. ¿Quiénes de los siguientes están sujetos a tutela?

a) Los menores emancipados que estén bajo la patria potestad.

b) Los menores no emancipados que no estén bajo la patria potestad.

c) Los menores emancipados que no estén bajo la patria potestad.

d) Los hijos no emancipados.

5. ¿Cuál de las siguientes características se vincula con la institución de la curatela del menor a que hace referencia el art. 3.b) de la Ley 39/2015, de 1 de octubre?

a) El curador no cuida de la persona sujeta a curatela, sino de su patrimonio.

b) La función del curador es la de complementar la capacidad del menor en todos aquellos actos o negocios jurídicos que no puede realizar por sí mismo.

c) El curador tiene cura de la persona sujeta a curatela, pero no de su patrimonio.

d) El curador tiene cura de la persona sujeta a curatela y de su patrimonio.

6. Los patrimonios independientes o autónomos, ¿tienen capacidad de obrar ante las Administraciones Públicas?

a) Sí.

b) No.

c) Siempre que la ley así lo declare expresamente.

d) Los patrimonios independientes o autónomos tienen reconocida capacidad jurídica ante las Administraciones Públicas en aplicación del artículo 3 de la Ley 39/2015, de 1 de octubre.

7. Tendrán capacidad de obrar ante las Administraciones Públicas las personas jurídicas que ostenten capacidad de obrar con arreglo a las normas civiles. ¿En qué momento adquirirán esta capacidad?

a) Desde el instante mismo en que, con arreglo a derecho, hubiesen quedado válidamente constituidas.

b) Las personas jurídicas adquirirán su capacidad de obrar en los mismos términos que las personas físicas.

c) En el momento en que finalice su personalidad.

d) Las personas jurídicas no tienen capacidad de obrar ante las Administraciones Públicas sino capacidad jurídica.

8. En aplicación del art. 3 de la Ley 39/2015, de 1 de octubre, NO tendrán capacidad de obrar ante las Administraciones Públicas:

a) Las personas físicas incapacitadas.

b) Las personas jurídicas que ostenten capacidad de obrar con arreglo a las normas civiles.

c) Los menores de edad para el ejercicio y defensa de aquellos de sus derechos e intereses cuya actuación esté permitida por el ordenamiento jurídico sin la asistencia de la persona que ejerza la patria potestad, tutela o curatela.

d) Las asociaciones de interés público reconocidas por la ley.

9. ¿Una persona declarada pródiga tiene capacidad de obrar plena ante las Administraciones Públicas?

a) Sí; las personas físicas tienen capacidad de obrar ante las Administraciones Públicas.

b) No; puede estar sujeta a tutela.

c) No; puede estar sujeta a curatela.

d) No; está sujeta a la patria potestad de sus progenitores.

10. La Ley 40/2015, de 1 de octubre, de régimen jurídico del sector público, ¿establece alguna regulación sobre la capacidad de obrar de los interesados ante las Administraciones Públicas?

a) Sí, en su artículo 3.

b) Sí, en tanto la Ley 40/2015, de 1 de octubre, tiene por objeto regular el procedimiento administrativo común a todas las Administraciones Públicas.

c) No, en tanto la Ley 40/2015, de 1 de octubre, únicamente tiene por objeto regular los principios a los que se ha de ajustar el ejercicio de la iniciativa legislativa y la potestad reglamentaria.

d) No.

En MADTEST tienes **más preguntas de este tema,** y todos tus avances quedan registrados y se reflejan en el ranking.

¡Supera tus límites con MADTEST!

Solución al test n.º 5

1. d) A la capacidad de obrar.

2. c) Sí, para el ejercicio y defensa de aquellos de sus derechos e intereses cuya actuación esté permitida por el ordenamiento jurídico sin la asistencia de la persona que ejerza la patria potestad, tutela o curatela, aunque sean menores incapacitados, siempre que la extensión de la incapacitación no afecte al ejercicio y defensa de los derechos o intereses de que se trate.

3. c) Los hijos emancipados están bajo la patria potestad de los progenitores.

4. b) Los menores no emancipados que no estén bajo la patria potestad.

5. b) La función del curador es la de complementar la capacidad del menor en todos aquellos actos o negocios jurídicos que no puede realizar por sí mismo.

6. c) Siempre que la ley así lo declare expresamente.

7. a) Desde el instante mismo en que, con arreglo a derecho, hubiesen quedado válidamente constituidas.

8. a) Las personas físicas incapacitadas.

9. c) No; puede estar sujeta a curatela.

10. d) No.

Las disposiciones y los actos administrativos: Disposiciones administrativas. Requisitos de los actos administrativos. Eficacia de los actos. Nulidad y anulabilidad

1. Señala la respuesta incorrecta. Según el artículo 35 de la Ley 39/2015, de 1 de octubre, de Procedimiento Administrativo Común de las Administraciones Públicas, serán motivados, con sucinta referencia de hechos y fundamentos de Derecho:

a) Los actos que limiten derechos subjetivos o intereses legítimos.

b) Los actos que resuelvan procedimientos de revisión de oficio de disposiciones o actos administrativos, recursos administrativos, reclamaciones previas a la vía judicial y procedimientos de arbitraje.

c) Los actos que se separen del criterio seguido en actuaciones precedentes o del dictamen de órganos consultivos.

d) Los actos declarativos de derechos.

2. De acuerdo con el artículo 39 de la Ley 39/2015, de 1 de octubre, de Procedimiento Administrativo Común de las Administraciones Públicas, con carácter general, los actos de las Administraciones Públicas sujetos al Derecho Administrativo se presumirán válidos y producirán efectos desde:

a) La fecha en que se dicten, salvo que en ellos se disponga otra cosa.

b) Su notificación.

c) Su publicación.

d) La aprobación superior.

3. En relación con las notificaciones en papel, de acuerdo con lo dispuesto en el artículo 42 de la Ley 39/2015, de 1 de octubre, de Procedimiento Administrativo Común de las Administraciones Públicas de los actos administrativos, señala la respuesta incorrecta:

a) Se notificarán a los interesados las resoluciones y actos administrativos que afecten a sus derechos e intereses.

b) Toda notificación deberá ser cursada dentro del plazo de diez días a partir de la fecha en que el acto haya sido dictado.

c) En los procedimientos iniciados a solicitud del interesado, la notificación se practicará en el domicilio del interesado. Cuando ello no fuera posible, en cualquier lugar adecuado a tal fin.

d) Cuando la notificación se practique en el domicilio del interesado, de no hallarse presente este en el momento de entregarse la notificación podrá hacerse cargo de la misma cualquier persona mayor de 14 años que se encuentre en el domicilio y haga constar su identidad.

4. Conforme al artículo 45 de la Ley 39/2015, de 1 de octubre, de Procedimiento Administrativo Común de las Administraciones Públicas, la publicación sustituirá a la notificación surtiendo sus mismos efectos en los siguientes casos:

a) Cuando el acto tenga por destinatario a una persona jurídica.

b) Cuando la Administración estime que la notificación efectuada a un solo interesado es insuficiente para garantizar la notificación a todos, siendo, en este último caso, adicional a la notificación efectuada.

c) En los procedimientos iniciados a solicitud del interesado.

d) Cuando la notificación se practique en el domicilio del interesado.

5. De acuerdo con el artículo 47 de la Ley 39/2015, de 1 de octubre, de Procedimiento Administrativo Común de las Administraciones Públicas, los actos de las Administraciones Públicas son nulos de pleno derecho en los casos siguientes:

a) Los actos de la Administración que incurran en cualquier infracción del ordenamiento jurídico.

b) Los actos dictados por órgano manifiestamente incompetente por razón de la jerarquía.

c) Los actos que tengan un contenido imposible.

d) Los actos de la Administración que incurran en desviación de poder.

6. Son anulables, de acuerdo con el artículo 48.1 de la Ley 39/2015, de 1 de octubre, de Procedimiento Administrativo Común de las Administraciones Públicas:

a) Los actos de la Administración que incurran en cualquier infracción del ordenamiento jurídico, incluso la desviación de poder.

b) Los actos dictados prescindiendo total y absolutamente del procedimiento legalmente establecido o de las normas que contienen las reglas esenciales para la formación de la voluntad de los órganos colegiados.

c) Los actos expresos o presuntos contrarios al ordenamiento jurídico por los que se adquieren facultades o derechos cuando se carezca de los requisitos esenciales para su adquisición.

d) Los actos dictados por órgano manifiestamente incompetente por razón de la materia.

7. Conforme con el artículo 48.2 de la Ley 39/2015, de 1 de octubre, de Procedimiento Administrativo Común de las Administraciones Públicas, el defecto de forma de los actos de las Administraciones Públicas solo determinará la anulabilidad:

a) Siempre.

b) Nunca.

c) Cuando el acto carezca de los requisitos formales, dando lugar a la indefensión de los interesados.

d) Cuando el acto administrativo se notifique fuera de plazo, no siendo esencial el término o plazo.

8. La Administración podrá convalidar los actos anulables, subsanando los vicios de que adolezcan. Si el vicio consistiera en incompetencia no determinante de nulidad, la convalidación podrá realizarse, de conformidad con el artículo 52.3 de la Ley 39/2015, de 1 de octubre, de Procedimiento Administrativo Común de las Administraciones Públicas, por:

a) El órgano competente cuando sea inferior jerárquico del que dictó el acto viciado.
b) El órgano competente cuando sea superior jerárquico del que dictó el acto viciado.
c) El órgano competente por razón de la materia.
d) El órgano competente por razón del territorio.

9. En relación con la forma de los actos administrativos, señala la respuesta incorrecta:

a) Los actos administrativos se producirán por escrito a través de medios electrónicos, a menos que su naturaleza exija otra forma más adecuada de expresión y constancia.

b) En los casos en que los órganos administrativos ejerzan su competencia de forma verbal, la constancia escrita del acto, cuando sea necesaria, se efectuará y firmará por el titular del órgano superior, expresando en la comunicación del mismo la autoridad de la que procede.

c) Si se tratara de resoluciones, el titular de la competencia deberá autorizar una relación de las que haya dictado de forma verbal, con expresión de su contenido.

d) Cuando deba dictarse una serie de actos administrativos de la misma naturaleza, tales como nombramientos, concesiones o licencias, podrán refundirse en un único acto.

10. Son actos anulables de acuerdo con el artículo 48 de la Ley 39/2015, de 1 de octubre, de Procedimiento Administrativo Común de las Administraciones Públicas:

a) Los de contenido imposible.
b) Los que carezcan de los requisitos formales indispensables para alcanzar su fin.
c) Los dictados prescindiendo total y absolutamente de los procedimientos legalmente establecidos para ellos.
d) Los dictados prescindiendo total y absolutamente del procedimiento establecido por las normas que contienen las reglas esenciales para la formación de la voluntad de los órganos colegiados.

En MADTEST tienes **más preguntas de este tema**, y todos tus avances quedan registrados y se reflejan en el ranking.

¡Supera tus límites con MADTEST!

Solución al test n.º 6

1. d) Los actos declarativos de derechos.

2. a) La fecha en que se dicten, salvo que en ellos se disponga otra cosa.

3. c) En los procedimientos iniciados a solicitud del interesado, la notificación se practicará en el domicilio del interesado. Cuando ello no fuera posible, en cualquier lugar adecuado a tal fin.

4. b) Cuando la Administración estime que la notificación efectuada a un solo interesado es insuficiente para garantizar la notificación a todos, siendo, en este último caso, adicional a la notificación efectuada.

5. c) Los actos que tengan un contenido imposible.

6. a) Los actos de la Administración que incurran en cualquier infracción del ordenamiento jurídico, incluso la desviación de poder.

7. c) Cuando el acto carezca de los requisitos formales, dando lugar a la indefensión de los interesados.

8. b) El órgano competente cuando sea superior jerárquico del que dictó el acto viciado.

9. b) En los casos en que los órganos administrativos ejerzan su competencia de forma verbal, la constancia escrita del acto, cuando sea necesaria, se efectuará y firmará por el titular del órgano superior, expresando en la comunicación del mismo la autoridad de la que procede.

10. b) Los que carezcan de los requisitos formales indispensables para alcanzar su fin.

TEST N.º 7

Las disposiciones generales sobre los procedimientos administrativos: Iniciación, ordenación, instrucción, finalización y ejecución del procedimiento

1. Los que tuvieren la condición de interesados en un procedimiento administrativo, podrán conocer del estado de la tramitación del mismo:

a) En el trámite de audiencia.
b) En el trámite de información pública.
c) En cualquier momento
d) Solo cuando lo permita el instructor del procedimiento.

2. Las medidas provisionales adoptadas antes de la iniciación del procedimiento administrativo, deberán ser confirmadas, modificadas o levantadas en el acuerdo de iniciación del procedimiento, que deberá efectuarse:

a) Dentro de los quince días siguientes a su adopción, pudiendo ser recurrido.
b) Dentro de los veinte días siguientes a su adopción, pudiendo de ser recurrido.
c) Dentro de los diez días siguientes a su adopción, sin posibilidad de ser recurrido.
d) Dentro de los veinte días siguientes a su adopción, sin posibilidad de ser recurrido.

3. Cuando el acuerdo de iniciación del procedimiento no contenga un pronunciamiento expreso acerca de las medidas provisionales previas, dichas medidas:

a) Se mantendrán, hasta la fase de alegaciones.
b) Se mantendrán, salvo que haya recurso pendiente.
c) Se prorrogaran por quince días.
d) Quedarán sin efecto.

4. Los procedimientos de naturaleza sancionadora se iniciarán:

a) De oficio o a instancia de parte.
b) Siempre a instancia de parte.
c) Siempre de oficio.
d) En virtud de denuncia.

5. Si la solicitud de iniciación del procedimiento administrativo no reúne los requisitos recogidos en la Ley 39/2015 u otros exigidos por la legislación específica aplicable:

a) Se inadmitirá la solicitud presentada por el interesado.

b) Se le dará un plazo de cinco días para que vuelva a presentar la solicitud correctamente.

c) Se le dará un plazo de veinte días para que subsane la falta o acompañe los documentos preceptivos.

d) Se le dará un plazo de diez días para que subsane la falta o acompañe los documentos preceptivos.

6. ¿Suspenderá la tramitación del procedimiento las cuestiones incidentales que se susciten en el mismo?

a) No.

b) Sí.

c) No, salvo las que se refieran a la nulidad de actuaciones.

d) No, incluso las relativas a la recusación no se suspenderán.

7. Señala cuál de las siguientes no podrá adoptarse como medidas provisionales en un procedimiento administrativo:

a) Embargo preventivo de bienes.

b) Inmovilización de cosa mueble.

c) Retirada o intervención de bienes productivos.

d) Suspensión definitiva de actividades.

8. El interesado en el procedimiento administrativo tiene derecho:

a) A formular alegaciones y a utilizar los medios de defensa admitidos por el Ordenamiento Jurídico en cualquier fase del procedimiento.

b) A formular alegaciones, a utilizar los medios de defensa admitidos por el Ordenamiento Jurídico, y a aportar documentos en cualquier fase del procedimiento anterior al trámite de audiencia.

c) A formular alegaciones y a utilizar los medios de defensa admitidos por el Ordenamiento Jurídico en cualquier fase del procedimiento, pero solo podrá aportar documentos con posterioridad al trámite de audiencia.

d) A formular alegaciones y a utilizar los medios de defensa admitidos por el Ordenamiento Jurídico en cualquier fase del procedimiento anterior al dictado de la resolución por la que se pone fin al procedimiento.

9. Contra el acuerdo de acumulación de procedimientos:

a) Cabe recurso de revisión.

b) Cabe recurso extraordinario de revisión.

c) No cabe recurso alguno.

d) Cabe recurso de alzada.

10. Los procedimientos administrativos que no tengan naturaleza sancionadora se podrán iniciar:

a) Por acuerdo del órgano competente o a petición razonada de otros órganos.

b) Por acuerdo del órgano competente, bien por propia iniciativa o como consecuencia de orden superior, a petición razonada de otros órganos o por denuncia.

c) Por denuncia solamente.

d) De oficio siempre.

En MADTEST tienes **más preguntas de este tema**, y todos tus avances quedan registrados y se reflejan en el ranking.

¡Supera tus límites con MADTEST!

Solución al test n.º 7

1. c) En cualquier momento.

2. a) Dentro de los quince días siguientes a su adopción, pudiendo ser recurrido.

3. d) Quedarán sin efecto.

4. c) Siempre de oficio.

5. d) Se le dará un plazo de diez días para que subsane la falta o acompañe los documentos preceptivos.

6. a) No.

7. d) Suspensión definitiva de actividades.

8. b) A formular alegaciones, a utilizar los medios de defensa admitidos por el Ordenamiento Jurídico, y a aportar documentos en cualquier fase del procedimiento anterior al trámite de audiencia.

9. c) No cabe recurso alguno.

10. b) Por acuerdo del órgano competente, bien por propia iniciativa o como consecuencia de orden superior, a petición razonada de otros órganos o por denuncia.

TEST N.º 8

Revisión de los actos en vía administrativa: Revisión de oficio. Recursos administrativos

1. La revisión de las disposiciones dictadas por las Administraciones Públicas en vía administrativa supone:

a) La anulabilidad de los actos y disposiciones siempre que no hayan sido recurridos en plazo.
b) La estimación de las reclamaciones efectuadas por los particulares cuando haya transcurrido el plazo sin que se hubiera dictado la resolución correspondiente.
c) La declaración de oficio de la nulidad de los actos administrativos que pongan fin a la vía administrativa.
d) La posibilidad de que la nulidad de los actos administrativos sea declarada mediante dictamen del Consejo de Estado u órgano consultivo equivalente de la Comunidad Autónoma.

2. Transcurridos seis meses desde que la Administración inició de oficio el procedimiento de revisión de una disposición administrativa o un acto nulo, sin dictarse resolución, se producirá:

a) La prescripción del derecho del interesado a reclamar.
b) La nulidad *ipso iure* de la disposición o acto.
c) La desestimación de la pretensión ejercitada en el mismo.
d) La caducidad del procedimiento.

3. En los procedimientos de revisión de disposiciones administrativas y actos nulos, no será preceptiva la intervención del Consejo de Estado u órgano equivalente de la Comunidad Autónoma:

a) Cuando la nulidad sea declarada de oficio pero a instancias de interesado.
b) Para acordar motivadamente la inadmisión a trámite de las solicitudes formuladas por los interesados, siempre que no se basen en una nulidad de pleno derecho.
c) En los supuestos en que la nulidad dimane de una vulneración de normas de rango superior.
d) Para acordar motivadamente la inadmisión a trámite de las solicitudes formuladas por los interesados en cualquier caso.

4. Cuando una disposición administrativa haya sido declarada nula, el particular afectado por el acto en cuestión:

a) Tendrá derecho a ser indemnizado, siempre que el daño causado sea efectivo, evaluable, individualizado y no hubiera tenido el deber jurídico de soportarlo.

b) Será indemnizado, si en la resolución que así lo declare se reconoce ese derecho.

c) No será indemnizado en ningún caso, pues subsisten las consecuencias de los actos firmes dictados en aplicación de la misma.

d) Deberá ser indemnizado en todo caso y por el simple hecho de la declaración de nulidad, pues al serle aplicada una norma manifiestamente ilegal, el perjuicio o daño se presume.

5. El plazo para declarar de oficio la nulidad de los actos administrativos que hayan puesto fin a la vía administrativa o que no hayan sido recurridos en su momento oportuno, es:

a) De seis meses.

b) De cuatro años.

c) De cuatro años para los que no hayan sido recurridos en plazo e indefinidamente para los que pongan fin a la vía administrativa.

d) *Sine die*, es decir, no existe plazo alguno para ello.

6. La declaración de lesividad de los actos administrativos favorables a los interesados:

a) Supone la nulidad automática de los mismos, sin necesidad de recabar dictamen del Consejo de Estado u órgano consultivo equivalente de la Comunidad Autónoma.

b) Reconoce el derecho de los particulares a ser indemnizados como consecuencia de los daños y perjuicios que les haya causado la aplicación de los actos declarados nulos.

c) Permite a las Administraciones Públicas impugnar ante la Jurisdicción Contencioso-Administrativa dichos actos.

d) Es la Resolución por la que se declara la anulabilidad de los mismos.

7. Los actos administrativos con defectos de forma pero con los requisitos formales indispensables para alcanzar su fin, sin causar indefensión de los interesados:

a) Serán declarados lesivos para el interés público si ha beneficiado al interesado o interesados.

b) Son anulables, previa declaración de lesividad y el dictamen favorable del Consejo de Estado u órgano consultivo equivalente de la Comunidad Autónoma.

c) Son nulos de pleno derecho.

d) No son anulables, por lo general.

8. La lesividad de un acto administrativo podrá declararse:

a) A los cuatro años desde su dictado.
b) Antes de los seis meses desde que se dictó.
c) Cuatro años después de conocido el vicio que lo invalida.
d) En cualquier momento.

9. El transcurso del plazo previsto para la resolución del procedimiento en el que se declare la lesividad del acto, sin haberse acordado la misma, supone:

a) La anulabilidad del acto administrativo.
b) La nulidad del acto administrativo.
c) La firmeza del acto administrativo.
d) La caducidad del procedimiento administrativo.

10. La competencia para declarar la lesividad de un acto emanado de una entidad de las que integran la Administración Local corresponde:

a) Al Alcalde de la Corporación.
b) Al Pleno de la Corporación.
c) Al órgano individual superior de la Corporación.
d) Al Consejo de Estado u órgano consultivo equivalente de la Comunidad Autónoma.

Solución al test n.º 8

1. c) La declaración de oficio de la nulidad de los actos administrativos que pongan fin a la vía administrativa.

2. d) La caducidad del procedimiento.

3. b) Para acordar motivadamente la inadmisión a trámite de las solicitudes formuladas por los interesados, siempre que no se basen en una nulidad de pleno derecho.

4. a) Tendrá derecho a ser indemnizado, siempre que el daño causado sea efectivo, evaluable, individualizado y no hubiera tenido el deber jurídico de soportarlo.

5. d) Sine die, es decir, no existe plazo alguno para ello.

6. c) Permite a las Administraciones Públicas impugnar ante la Jurisdicción Contencioso Administrativa dichos actos.

7. d) No son anulables, por lo general.

8. a) A los cuatro años desde su dictado.

9. d) La caducidad del procedimiento administrativo.

10. b) Al Pleno de la Corporación.

Principios de la potestad sancionadora y del procedimiento sancionador. Responsabilidad patrimonial de la Administración Pública. Responsabilidad de las autoridades y personal al servicio de las Administraciones Públicas

1. El sistema de responsabilidad patrimonial se aplica:

a) A todas las Administraciones Públicas.
b) A las Comunidades Autónomas.
c) A las Comunidades Autónomas y a la Administración Local.
d) A la Administración Local.

2. El derecho a ser indemnizados por toda lesión que sufran en sus bienes y derechos como consecuencia del funcionamiento de los servicios públicos se reconoce a:

a) Los particulares.
b) Las personas jurídicas.
c) Los ciudadanos.
d) Las Administraciones.

3. ¿Cómo ha de ser el daño alegado en las reclamaciones de responsabilidad patrimonial?

a) Efectivo, evaluable económicamente e individualizado con relación con una persona o grupo de personas.
b) Directo y resarcible.
c) Susceptible de valoración y demostrable.
d) Debe producir consecuencias negativas en la actividad de la persona dañada.

4. No serán indemnizables los daños:

a) Que el particular no tenga el deber jurídico de soportar de acuerdo con la ley.
b) Producidos por fuerza mayor.
c) Producidos por circunstancias evitables.
d) Producidos por un hecho superable.

5. Existirá responsabilidad patrimonial si la lesión es consecuencia del:

a) Funcionamiento en general de los servicios públicos.
b) Funcionamiento normal o anormal de los servicios públicos.
c) Funcionamiento anormal de los servicios públicos.
d) Funcionamiento ilegal de los servicios públicos.

6. La regla general es que la responsabilidad concurrente de diferentes Administraciones Públicas es:

a) Mancomunada.
b) Solidaria.
c) Indiferente.
d) Indistinta.

7. La Administración podrá abonar la indemnización derivada de una responsabilidad patrimonial:

a) En metálico y regalo de bienes.
b) En especie, si media acuerdo con el interesado.
c) Solo se le permite que el pago lo haga a plazos.
d) Solo podrá utilizarse el pago en especie.

8. En los supuestos en los que el particular conoce a la autoridad o empleado público que le ha causado el daño:

a) Lo demandará ante los tribunales civiles.
b) No lo podrá demandar ante la Administración hasta que el empleado haya reconocido su culpa.
c) Reclamará a la Administración donde el empleado público presta sus servicios.
d) Las respuestas a) y b) son correctas.

9. En relación con la responsabilidad penal del personal al servicio de las Administraciones Públicas el Código Penal no recoge el siguiente tipo delictivo:

a) Malversación.
b) Cohecho.
c) Homicidio.
d) Desobediencia.

10. El plazo de prescripción del derecho a reclamar la responsabilidad patrimonial es de:

a) Cinco años.
b) Seis meses.
c) Un año.
d) Nunca prescribe.

En MADTEST tienes **más preguntas de este tema**, y todos tus avances quedan registrados y se reflejan en el ranking.

¡Supera tus límites con MADTEST!

Solución al test n.º 9

1. a) A todas las Administraciones Públicas.

2. a) Los particulares.

3. a) Efectivo, evaluable económicamente e individualizado con relación con una persona o grupo de personas.

4. b) Producidos por fuerza mayor.

5. b) Funcionamiento normal o anormal de los servicios públicos.

6. b) Solidaria.

7. b) En especie, si media acuerdo con el interesado.

8. c) Reclamará a la Administración donde el empleado público presta sus servicios.

9. c) Homicidio.

10. c) Un año.

Patrimonio de la Comunidad Autónoma de la Región de Murcia: Disposiciones generales. Bienes demaniales de la Comunidad Autónoma: Afectación, desafectación y mutación de bienes demaniales. Bienes patrimoniales de la Comunidad Autónoma: Adquisición

1. ¿Qué norma regula el patrimonio de la Comunidad Autónoma de la Región de Murcia?

a) Ley 3/1992, de 30 de julio.
b) Ley 33/2003, de 3 de noviembre.
c) Estatuto de Autonomía.
d) Reglamento patrimonial estatal.

2. Según la Ley 3/1992, ¿qué bienes NO forman parte del patrimonio de la Comunidad Autónoma?

a) Bienes muebles.
b) Dinero, valores y créditos de la Hacienda.
c) Derechos reales.
d) Bienes inmuebles.

3. ¿Cuántos títulos componen la Ley 3/1992?

a) Tres.
b) Cinco.
c) Cuatro.
d) Dos.

4. ¿A quién corresponde la titularidad de los bienes asignados a la Asamblea Regional?

a) Al presidente de la Asamblea.
b) A las entidades locales.
c) A la Comunidad Autónoma.
d) Al Consejo de Gobierno.

5. ¿Qué naturaleza pueden tener los bienes del patrimonio autonómico según el artículo 4?

a) Demaniales o patrimoniales.
b) Públicos o privados.
c) Municipales o autonómicos.
d) Estatales o locales.

6. ¿Qué carácter tienen los bienes destinados a oficinas administrativas de la Comunidad?

a) Patrimoniales por defecto.
b) Privados si lo decide el Consejo.
c) Municipales por destino.
d) Demaniales salvo autorización de enajenación.

7. ¿Cuál de estas características corresponde a los bienes de dominio público?

a) Embargables.
b) Prescriptibles.
c) Inalienables.
d) Transferibles libremente.

8. ¿Quién tiene el deber de mantenimiento de los bienes adscritos a una Consejería?

a) El Consejo de Gobierno.
b) La Consejería que los utilice.
c) La Asamblea Regional.
d) La Dirección de Servicios Jurídicos.

9. ¿Qué Consejería ejerce las funciones dominicales sobre los bienes patrimoniales?

a) Economía, Hacienda, Fondos Europeos y Transformación Digital.
b) Presidencia.
c) Agricultura y Agua.
d) Política Social.

10. ¿Qué órgano representa y defiende judicialmente al patrimonio autonómico?

a) El Consejo de Gobierno.
b) La Asamblea Regional.
c) La Dirección de los Servicios Jurídicos.
d) El Defensor del Pueblo.

En MADTEST tienes **más preguntas de este tema**, y todos tus avances quedan registrados y se reflejan en el ranking.

¡Supera tus límites con MADTEST!

Solución al test n.º 10

1. a) Ley 3/1992, de 30 de julio.

2. b) Dinero, valores y créditos de la Hacienda.

3. c) Cuatro.

4. c) A la Comunidad Autónoma.

5. a) Demaniales o patrimoniales.

6. d) Demaniales salvo autorización de enajenación.

7. c) Inalienables.

8. b) La Consejería que los utilice.

9. a) Economía, Hacienda, Fondos Europeos y Transformación Digital.

10. c) La Dirección de los Servicios Jurídicos.

Información administrativa y atención al ciudadano en los canales presencial, electrónico y telefónico

1. Por su ámbito de actuación, las Oficinas Corporativas de Atención al Ciudadano se clasifican en:

a) Oficinas generales y oficinas especializadas.
b) Oficinas informativas y oficinas registrales.
c) Oficinas centralizadas y oficinas periféricas.
d) Oficinas de atención e información y oficinas de gestión.

2. La información general se facilitará obligatoriamente a los ciudadanos:

a) Previa acreditación de legitimación por interés en el procedimiento.
b) Sin exigir para ello la acreditación de legitimación alguna.
c) Previa identificación y registro del solicitante.
d) Siempre que demuestren un interés legítimo.

3. La información administrativa relativa a la identificación, fines, competencia, estructura, funcionamiento y localización de organismos y unidades administrativas; la referida a los requisitos jurídicos o técnicos que las disposiciones impongan a los proyectos, actuaciones o solicitudes que los ciudadanos se propongan realizar; la referente a la tramitación de procedimientos, a los servicios públicos y prestaciones, así como a cualesquiera otros datos que aquellos tengan necesidad de conocer en sus relaciones con las Administraciones públicas, en su conjunto, o con alguno de sus ámbitos de actuación, se denomina:

a) Información completa.
b) Información inicial.
c) Información básica.
d) Información general.

4. Se considera información particular:

a) La referente a la tramitación de procedimientos, a los servicios públicos y prestaciones, así como a cualesquiera otros datos que aquellos tengan necesidad de conocer en sus relaciones con las Administraciones públicas, en su conjunto, o con alguno de sus ámbitos de actuación.

b) La relativa a la identificación, fines, competencia, estructura, funcionamiento y localización de organismos y unidades administrativas.

c) La concerniente al estado o contenido de los procedimientos en tramitación, y a la identificación de las autoridades y personal al servicio de la Administración y de las entidades de derecho público vinculadas o dependientes de la misma bajo cuya responsabilidad se tramiten aquellos procedimientos.

d) La referida a los requisitos jurídicos o técnicos que las disposiciones impongan a los proyectos, actuaciones o solicitudes que los ciudadanos se propongan realizar.

5. Recibidas las sugerencias o quejas que no sean anónimas, se dará cuenta de ello al ciudadano, comunicándole que se le informará de las actuaciones llevadas a cabo en el plazo, contado desde la recepción de estas, de:

a) 10 días naturales.
b) 15 días hábiles.
c) 20 días hábiles.
d) 30 días.

6. Las manifestaciones o declaraciones efectuadas por los ciudadanos en las que pongan de manifiesto los retrasos, desatenciones o cualquier otra anomalía que observen en el funcionamiento de los servicios públicos, se consideran:

a) Quejas.
b) Sugerencias.
c) Iniciativas.
d) Recursos.

7. Las quejas formuladas ante en las Oficinas Corporativas de Atención al Ciudadano de la Administración de la Región de Murcia:

a) Solo podrán ser formuladas por personas físicas.
b) No podrán ser anónimas.
c) Podrán formularse telefónicamente.
d) Tendrán la calificación de recursos administrativos.

8. Según el artículo 3 del Decreto 236/2010, de 3 de septiembre, por el que se regula la Atención al Ciudadano en la Administración Pública de la Región de Murcia, uno de los principios que con carácter general regirá la actividad de atención al ciudadano es el de deferencia, …………..y máximo respeto en la prestación de los servicios de atención y, en general, en el trato con los ciudadanos. Señala la palabra que falta en la frase:

a) Decoro.
b) Acogimiento.
c) Esmero.
d) Educación.

9. La petición de información dirigida a las Oficinas de Atención al Ciudadano podrá realizarse de forma verbal, por escrito o utilizando medios informáticos. La respuesta se emitirá, en el caso de ser escrita, en el plazo de:

a) 10 días.
b) 15 días.
c) 20 días.
d) 30 días.

10. Constituyen el instrumento de la Administración pública de la Región de Murcia y sus organismos públicos para informar a los ciudadanos sobre los servicios que tienen encomendados y acerca de los compromisos de calidad en su prestación, así como de los derechos de los ciudadanos y usuarios en relación con estos servicios:

a) Los Tablones de anuncios.
b) Los boletines oficiales.
c) Los Protocolos de prestación de servicios.
d) Las Cartas de Servicios.

En MADTEST tienes **más preguntas de este tema**, y todos tus avances quedan registrados y se reflejan en el ranking.

¡Supera tus límites con MADTEST!

Solución al test n.º 11

1. a) Oficinas generales y oficinas especializadas.

2. b) Sin exigir para ello la acreditación de legitimación alguna.

3. d) Información general.

4. c) La concerniente al estado o contenido de los procedimientos en tramitación, y a la identificación de las autoridades y personal al servicio de la Administración y de las entidades de derecho público vinculadas o dependientes de la misma bajo cuya responsabilidad se tramiten aquellos procedimientos.

5. d) 30 días.

6. a) Quejas.

7. c) Podrán formularse telefónicamente.

8. c) Esmero.

9. a) 10 días.

10. d) Las Cartas de Servicios.

Protección de Datos de Carácter Personal: Disposiciones generales. Datos especialmente protegidos

1. ¿Cómo se denomina el Título II de la Ley Orgánica 3/2018, de 5 de diciembre, de protección de datos personales y garantía de los derechos digitales?

a) Derechos de las personas.
b) Disposiciones generales.
c) Principios de protección de datos.
d) Autoridades de protección de datos.

2. Según establece el artículo 7.1 de la LO 3/2018, el tratamiento de los datos personales de un menor de edad únicamente podrá fundarse en su consentimiento cuando sea:

a) Mayor de 12 años.
b) Mayor de 15 años.
c) Mayor de 14 años.
d) Mayor de 13 años.

3. De conformidad con lo dispuesto en el artículo 4.11 del Reglamento (UE) 2016/679, se entiende por consentimiento del afectado toda manifestación de voluntad libre, específica, informada e inequívoca por la que este acepta:

a) Mediante una probable acción afirmativa, el tratamiento de datos personales que le conciernen.
b) Necesariamente mediante una declaración, el tratamiento de datos personales que le conciernen.
c) Mediante una declaración o una probable acción afirmativa, el tratamiento de datos personales que le conciernen.
d) Ya sea mediante una declaración o una clara acción afirmativa, el tratamiento de datos personales que le conciernen.

4. Según dispone el artículo 5.1 de la LO 3/2018, los responsables y encargados del tratamiento de datos así como todas las personas que intervengan en cualquier fase de este estarán sujetas al deber de:

a) Sigilo.
b) Secreto.
c) Confidencialidad.
d) Reserva.

5. Conforme al artículo 5.1.d) del Reglamento (UE) 2016/679 los datos serán:

a) Aproximados y, si fuere necesario, actualizados.
b) Aproximados y, en ningún caso, actualizados.
c) Exactos y, en ningún caso, actualizados.
d) Exactos y, si fuere necesario, actualizados.

6. A los efectos del artículo 9.2.a) del Reglamento (UE) 2016/679, a fin de evitar situaciones discriminatorias, levantar la prohibición del tratamiento de datos cuya finalidad principal sea identificar su ideología, afiliación sindical, religión, orientación sexual, creencias u origen racial o étnico:

a) En algún caso será posible con el consentimiento del afectado.
b) Siempre será posible aún sin el consentimiento del afectado.
c) No será posible con el solo consentimiento del afectado.
d) Será posible con el solo consentimiento del afectado.

7. Cuando se pretenda fundar el tratamiento de los datos en el consentimiento del afectado para una pluralidad de finalidades será preciso que conste de manera específica e inequívoca:

a) Que dicho consentimiento se otorga para todas ellas.
b) Que dicho consentimiento se otorga para todas o algunas de ellas.
c) A cuál de ellas se otorga.
d) No es posible fundar el tratamiento de los datos en el consentimiento del afectado para una pluralidad de finalidades.

8. A los efectos previstos en el artículo 5.1.d) del Reglamento (UE) 2016/679, no será imputable al responsable del tratamiento, siempre que este haya adoptado todas las medidas razonables para que se supriman o rectifiquen sin dilación, la inexactitud de los datos personales, con respecto a los fines para los que se tratan, cuando los datos inexactos:

a) Fuesen obtenidos de un registro público o privado por el responsable.
b) Hubiesen sido obtenidos por el responsable directamente del afectado.

c) Fuesen sometidos a tratamiento por el responsable por haberlos recibido de otro responsable en virtud del ejercicio por el afectado del derecho a la portabilidad conforme al artículo 20 del Reglamento (UE) 2019/679 y lo previsto en la Ley Orgánica de protección de datos personales y garantía de los derechos digitales.

d) Siempre será imputable al responsable del tratamiento la inexactitud de los datos personales, con respecto a los fines para los que se tratan.

9. El tratamiento de datos personales relativos a condenas e infracciones penales, para fines distintos de los de prevención, investigación, detección o enjuiciamiento de infracciones penales o de ejecución de sanciones penales, solo podrá llevarse a cabo cuando se encuentre amparado en:

a) Una norma de Derecho de la Unión.
b) Cualquier ley orgánica.
c) Un reglamento.
d) Una orden ministerial.

10. De conformidad con el artículo 5.3 de la LO 3/2018, el deber de confidencialidad y de secreto profesional de los responsables y encargados del tratamiento de datos:

a) Se mantendrán hasta diez años después de que finalice la relación del obligado con el responsable o encargado del tratamiento.

b) Se mantendrán hasta que finalice la relación del obligado con el responsable o encargado del tratamiento.

c) Se mantendrán aun cuando hubiese finalizado la relación del obligado con el responsable o encargado del tratamiento.

d) Se mantendrán hasta un año después de que finalice la relación del obligado con el responsable o encargado del tratamiento.

Solución al test n.º 12

1. c) Principios de protección de datos.

2. c) Mayor de 14 años.

3. d) Ya sea mediante una declaración o una clara acción afirmativa, el tratamiento de datos personales que le conciernen.

4. c) Confidencialidad.

5. d) Exactos y, si fuere necesario, actualizados.

6. c) No será posible con el solo consentimiento del afectado.

7. a) Que dicho consentimiento se otorga para todas ellas.

8. b) Hubiesen sido obtenidos por el responsable directamente del afectado.

9. a) Una norma de Derecho de la Unión.

10. c) Se mantendrán aun cuando hubiese finalizado la relación del obligado con el responsable o encargado del tratamiento.

TEST N.º 13

Ley de Prevención de Riesgos Laborales: Derechos y obligaciones. Servicios de prevención

1. No es una modalidad de organización preventiva:

a) Asunción personal por el empresario de la actividad preventiva.
b) Designación de trabajadores para la actividad preventiva.
c) La constitución de un servicio de prevención propio.
d) Solicitud de técnicos al Instituto Nacional de Seguridad y Salud en el Trabajo.

2. Para que el empresario pueda asumir personalmente la actividad preventiva, debe tratarse de una empresa de:

a) Hasta 10 trabajadores, o de una empresa que ocupe hasta 25 trabajadores y con un único centro de trabajo.
b) Hasta 6 trabajadores.
c) No más de 15 trabajadores.
d) No más de 50 trabajadores, con independencia del número de centros de trabajo que tenga la empresa.

3. El empresario deberá constituir un servicio de prevención propio cuando se trate de una empresa que cuente con más de:

a) 100 trabajadores.
b) 500 trabajadores.
c) 1000 trabajadores.
d) 50 trabajadores.

4. Entre los requisitos que deben cumplir las entidades que pretendan actuar como servicios de prevención ajenos no se encuentra:

a) Solicitar y obtener la aprobación de la Administración sanitaria en cuanto a los aspectos de carácter sanitario.
b) Solicitar y obtener de la Administración laboral la correspondiente acreditación.

c) Tener suscrito un capital social no inferior a 3 millones de euros.

d) Constituir una garantía suficiente para cubrir su eventual responsabilidad.

5. Según indica el artículo 10.2 del RSP, en los términos previstos en el capítulo IV de la LPRL, al conjunto de medios humanos y materiales de la empresa necesarios para la realización de las actividades de prevención se le denomina:

a) Servicio de prevención propio.

b) Servicio de prevención ajeno.

c) Servicio de prevención mixto.

d) Unidad de prevención interna.

6. Cuando se produce la asunción personal por el empresario de la actividad preventiva, la vigilancia de la salud de los trabajadores así como aquellas otras actividades preventivas no asumidas personalmente por el empresario:

a) Deberán cubrirse mediante un servicio de prevención mancomunado.

b) Deberán cubrirse mediante un servicio de prevención propio.

c) Deberán cubrirse mediante un servicio de prevención ajeno.

d) Deberán cubrirse mediante el recurso a alguna de las restantes modalidades de organización preventiva previstas en este Capítulo III del RSP.

7. En cuanto a las modalidades de organización preventiva, una forma de integrar la actividad preventiva en la empresa la tiene el empresario a través de la designación de trabajadores para ocuparse de dicha actividad. En esta modalidad no es correcto afirmar que:

a) La designación debe ser de, al menos, dos trabajadores.

b) Las actividades preventivas para cuya realización no resulte suficiente la designación de trabajadores, deberán ser desarrolladas a través de uno o más servicios de prevención propios o ajenos.

c) No será obligatoria la designación de trabajadores cuando el empresario haya recurrido a un servicio de prevención propio.

d) No será obligatoria la designación de trabajadores cuando el empresario haya recurrido a un servicio de prevención ajeno.

8. ¿Cuál será el tiempo mínimo de que dispongan los trabajadores designados para ocuparse de la actividad preventiva en la empresa para el desempeño de su actividad?

a) Una hora al día, computada como de trabajo efectivo.

b) Dos horas a la semana, computadas como de trabajo efectivo.

c) Cinco horas al mes, que no se consideran de trabajo efectivo porque hay que realizarlas fuera de la jornada ordinaria y también se retribuyen aparte.

d) El necesario para desarrollar adecuadamente sus funciones.

9. Cuando nos encontramos ante una empresa de entre 250 y 500 trabajadores, y que desarrollen alguna de las actividades incluidas en el Anexo I del RSP (actividades peligrosas):

a) El empresario debe recurrir a un Servicio de Prevención Ajeno (SPA).

b) El empresario debe asumir personalmente la actividad preventiva en la empresa.

c) El empresario deberá constituir un Servicio de Prevención Propio (SPP).

d) El empresario podrá alternar la asunción personal de la actividad preventiva con la designación de trabajadores.

10. Cuando se trate de empresas, que sin estar obligadas a constituir un SPP, por no encontrarse ante alguno de los supuestos contemplados por el artículo 14 del RSP, la Autoridad laboral así lo decida en función de la peligrosidad de la actividad desarrollada o de la frecuencia de la gravedad de la siniestralidad en la empresa, la resolución que dicte al efecto fijará un plazo para que se constituya el SPP –si no opta el empresario por concertarlo con una entidad especializada ajena–:

a) El plazo no será en ningún caso inferior a un año.

b) El plazo se fijará por la Autoridad laboral teniendo en cuenta las circunstancias existentes, pero nunca superior a un año.

c) El plazo se fijará por la Autoridad laboral teniendo en cuenta las circunstancias existentes, sin limitación alguna.

d) El plazo será el que fije la Inspección de Trabajo y Seguridad Social en el informe preceptivo previo que debe emitir al efecto.

En MADTEST tienes **más preguntas de este tema,** y todos tus avances quedan registrados y se reflejan en el ranking.

¡Supera tus límites con MADTEST!

Solución al test n.º 13

1. d) Solicitud de técnicos al Instituto Nacional de Seguridad y Salud en el Trabajo.

2. a) Hasta 10 trabajadores, o de una empresa que ocupe hasta 25 trabajadores y con un único centro de trabajo.

3. b) 500 trabajadores.

4. c) Tener suscrito un capital social no inferior a 3 millones de euros.

5. a) Servicio de prevención propio.

6. d) Deberán cubrirse mediante el recurso a alguna de las restantes modalidades de organización preventiva previstas en este Capítulo III del RSP.

7. a) La designación debe ser de, al menos, dos trabajadores.

8. d) El necesario para desarrollar adecuadamente sus funciones.

9. c) El empresario deberá constituir un Servicio de Prevención Propio (SPP).

10. b) El plazo se fijará por la Autoridad laboral teniendo en cuenta las circunstancias existentes, pero nunca superior a un año.

TEST N.º 14

Igualdad: Disposiciones generales. Aspectos básicos en los informes de impacto de género. Transparencia y acceso a la información pública: conceptos fundamentales. El procedimiento de acceso a la información pública

1. ¿Qué artículo de la Constitución proclama que los españoles son iguales ante la ley, sin que pueda prevalecer discriminación alguna por razón de nacimiento, raza, sexo, religión, opinión o cualquier otra condición o circunstancia personal o social?

a) Artículo 9.
b) Artículo 11.
c) Artículo 14.
d) Artículo 18.

2. Según su artículo 1, la LO 3/2007 tiene por objeto hacer efectivo el derecho de:

a) Conciliación de la vida laboral y familiar de mujeres y hombres.
b) Igualdad de trato y de oportunidades entre mujeres y hombres.
c) Participación en los asuntos públicos en igualdad de condiciones.
d) No discriminación por razón de sexo.

3. Las obligaciones establecidas en la LO 3/2007 son de aplicación a:

a) A toda persona, física o jurídica, que se encuentre o actúe en territorio español, cualquiera que fuese su nacionalidad, domicilio o residencia.
b) A todos los ciudadanos españoles, ya sea en territorio español o territorio de cualquier país extranjero.
c) A toda persona, física o jurídica, que se encuentre o actúe en territorio español, con nacionalidad española.
d) A toda persona, física o jurídica, que resida en territorio español, cualquiera que fuese su nacionalidad.

4. Según el artículo 4 de la LO 3/2007, la igualdad de trato y de oportunidades entre mujeres y hombres:

a) Es un deber de las Administraciones Públicas.
b) Es una fuente formal del Derecho.
c) Es un principio informador del ordenamiento jurídico.
d) Es un objetivo fundamental del procedimiento administrativo.

5. El principio de igualdad de trato y de oportunidades entre mujeres y hombres:

a) Sólo se aplica en el ámbito del empleo público.
b) Se garantizará incluso en el acceso al trabajo por cuenta propia.
c) No se aplica en la afiliación y participación en organizaciones sindicales o empresariales.
d) Se garantizará en los términos que prevean los convenios colectivos.

6. Una diferencia de trato basada en una característica relacionada con el sexo ¿constituye discriminación en el acceso al empleo?

a) Sí, en todo caso.
b) No, siempre que la formación necesaria se base en dicha característica.
c) No, siempre que dicha característica constituya un requisito profesional esencial y determinante.
d) No, si debido a la naturaleza de las actividades profesionales concretas o al contexto en el que se lleven a cabo, dicha característica constituya un requisito profesional esencial y determinante, siempre y cuando el objetivo sea legítimo y el requisito proporcionado.

7. En virtud del artículo 6.2 de la LO 3/2007, la situación en que una disposición, criterio o práctica aparentemente neutros pone a personas de un sexo en desventaja particular con respecto a personas del otro:

a) En cualquier caso constituirá discriminación directa.
b) En cualquier caso constituirá discriminación indirecta.
c) No se considera discriminación indirecta si dicha disposición, criterio o práctica pueden justificarse objetivamente en atención a una finalidad legítima y los medios para alcanzar dicha finalidad son necesarios y adecuados.
d) En ningún caso podrá considerarse discriminación.

8. Conforme al artículo 6.3 de la LO 3/2007, toda orden de discriminar por razón de sexo:

a) Sólo se considera discriminatoria si se ordena discriminar directamente.
b) En ningún caso se puede considerar discriminatoria.
c) Sólo se considera discriminatoria si ordena una discriminación indirecta.
d) En cualquier caso se considera discriminatoria, sea directa o indirecta.

9. A los efectos de la LO 3/2007, definimos como acoso sexual:

a) Cualquier comportamiento realizado en función del sexo de una persona, con el propósito o el efecto de atentar contra su dignidad y de crear un entorno intimidatorio, degradante u ofensivo.

b) La situación en que una disposición, criterio o práctica aparentemente neutros pone a personas de un sexo en desventaja particular con respecto a personas del otro, salvo que dicha disposición, criterio o práctica puedan justificarse objetivamente en atención a una finalidad legítima y que los medios para alcanzar dicha finalidad sean necesarios y adecuados.

c) Todo trato desfavorable a las mujeres relacionado con el embarazo o la maternidad.

d) Cualquier comportamiento, verbal o físico, de naturaleza sexual que tenga el propósito o produzca el efecto de atentar contra la dignidad de una persona, en particular cuando se crea un entorno intimidatorio, degradante u ofensivo.

10. Según el artículo 8 de la LO 3/2007, todo trato desfavorable a las mujeres relacionado con el embarazo o la maternidad constituye:

a) Acoso sexual.

b) Acoso por razón de sexo.

c) Discriminación directa por razón de sexo.

d) Discriminación indirecta por razón de sexo.

En MADTEST tienes **más preguntas de este tema,** y todos tus avances quedan registrados y se reflejan en el ranking.

¡Supera tus límites con MADTEST!

Solución al test n.º 14

1. c) Artículo 14.

2. b) Igualdad de trato y de oportunidades entre mujeres y hombres.

3. a) A toda persona, física o jurídica, que se encuentre o actúe en territorio español, cualquiera que fuese su nacionalidad, domicilio o residencia.

4. c) Es un principio informador del ordenamiento jurídico.

5. b) Se garantizará incluso en el acceso al trabajo por cuenta propia.

6. d) No, si debido a la naturaleza de las actividades profesionales concretas o al contexto en el que se lleven a cabo, dicha característica constituya un requisito profesional esencial y determinante, siempre y cuando el objetivo sea legítimo y el requisito proporcionado.

7. c) No se considera discriminación indirecta si dicha disposición, criterio o práctica pueden justificarse objetivamente en atención a una finalidad legítima y los medios para alcanzar dicha finalidad son necesarios y adecuados.

8. d) En cualquier caso se considera discriminatoria, sea directa o indirecta.

9. d) Cualquier comportamiento, verbal o físico, de naturaleza sexual que tenga el propósito o produzca el efecto de atentar contra la dignidad de una persona, en particular cuando se crea un entorno intimidatorio, degradante u ofensivo.

10. c) Discriminación directa por razón de sexo.

II. Gestión de Recursos Humanos

Estatuto Básico del Empleado Público: Objeto, ámbito de aplicación y tipos de personal. Carrera administrativa. Régimen de incompatibilidades

1. ¿De qué forma se aprobó la vigente Ley del Estatuto Básico del Empleado Público?

a) Por una Ley Orgánica.
b) Mediante un Texto Refundido.
c) Mediante una Ley de Bases.
d) Por un Real Decreto-Ley.

2. El título I del Texto Refundido de la Ley del Estatuto Básico del Empleado Público trata de:

a) Las clases de personal.
b) Los derechos de los empleados públicos.
c) El objeto y el ámbito de aplicación.
d) Los órganos competentes en materia de función pública.

3. El EBEP contiene:

a) Aquello que es común al conjunto de los empleados públicos de todas las Administraciones Públicas.
b) Las normas legales específicas aplicables a los empleados públicos de todas las Administraciones Públicas.
c) Aquello que es común al conjunto de los funcionarios de todas las Administraciones Públicas, más las normas legales específicas aplicables al personal laboral a su servicio.
d) Aquello que es común al conjunto del personal laboral de todas las Administraciones Públicas, más las normas legales específicas aplicables al personal funcionario a su servicio.

4. Se regirá por la legislación específica dictada por el Estado y por las comunidades autónomas en el ámbito de sus respectivas competencias y por lo previsto en el EBEP, excepto el capítulo II del título III (salvo el artículo 20), y los artículos 22.3, 24 y 84:

a) El personal funcionario de las Universidades Públicas.

b) El personal funcionario y en lo que proceda el personal laboral al servicio de las Administraciones de las entidades locales.

c) El personal estatutario de los servicios de salud.

d) El personal funcionario y laboral al servicio de las Administraciones de las comunidades autónomas.

5. Para todo el personal de las Administraciones Públicas no incluido en su ámbito de aplicación, el EBEP tendrá carácter:

a) Consultivo.

b) Voluntario.

c) Supletorio.

d) Interpretativo.

6. Las disposiciones del EBEP sólo se aplicarán directamente cuando así lo disponga su legislación específica al siguiente personal:

a) El personal funcionario de las entidades locales.

b) El personal estatutario de los Servicios de Salud.

c) Personal de las Fuerzas y Cuerpos de Seguridad.

d) El personal docente.

7. Es un principio de actuación del EBEP:

a) La coordinación entre las Administraciones Públicas en la regulación y gestión del empleo público.

b) La independencia entre las Administraciones Públicas en la regulación y gestión del empleo público.

c) La articulación entre las Administraciones Públicas en la regulación y gestión del empleo público.

d) La cooperación entre las Administraciones Públicas en la regulación y gestión del empleo público.

8. El empleo en el sector público se caracteriza por estar configurado por un modelo:

a) Unitario de personal funcionario.

b) Unitario de personal estatutario.

c) Dual de regímenes jurídicos, personal funcionario y personal laboral.

d) De tres regímenes jurídicos, personal funcionario, personal laboral y personal de designación.

9. El artículo 8 del Texto Refundido de la Ley del Estatuto Básico del Empleado Público, aprobado por el Real Decreto Legislativo 5/2015, de 30 de octubre, define como aquellos quienes desempeñan funciones retribuidas en las Administraciones Públicas al servicio de los intereses generales:

a) A los Funcionarios públicos.
b) A los Empleados públicos.
c) Al Personal laboral de las Administraciones Públicas.
d) Al personal estatutario.

10. Basándonos en el artículo 8 del Texto Refundido de la Ley del Estatuto Básico del Empleado Público, no es una clase de empleado público:

a) Funcionario de carrera.
b) Personal laboral.
c) Funcionario interino.
d) Funcionario eventual.

En MADTEST tienes **más preguntas de este tema**, y todos tus avances quedan registrados y se reflejan en el ranking.

¡Supera tus límites con MADTEST!

Solución al test n.º 15

1. b) Mediante un Texto Refundido.

2. c) El objeto y el ámbito de aplicación.

3. c) Aquello que es común al conjunto de los funcionarios de todas las Administraciones Públicas, más las normas legales específicas aplicables al personal laboral a su servicio.

4. c) El personal estatutario de los servicios de salud.

5. c) Supletorio.

6. c) Personal de las Fuerzas y Cuerpos de Seguridad.

7. d) La cooperación entre las Administraciones Públicas en la regulación y gestión del empleo público.

8. c) Dual de regímenes jurídicos, personal funcionario y personal laboral.

9. b) A los Empleados públicos.

10. d) Funcionario eventual.

TEST N.º 16

Ley de Función Pública de la Región de Murcia: Objeto y ámbito de aplicación. Clases de personal y régimen jurídico respectivo

1. ¿Qué instrumento utiliza la Administración Pública de la Región de Murcia para realizar los intereses públicos que tiene encomendados?

a) El Estatuto de Autonomía.
b) La Función Pública de la Administración Pública de la Región de Murcia.
c) La Asamblea Regional.
d) El Consejo de Gobierno.

2. ¿Qué principios deben regir la selección del personal al servicio de la Función Pública regional?

a) Igualdad, mérito y eficiencia.
b) Igualdad, mérito, capacidad y publicidad.
c) Mérito, antigüedad y capacidad.
d) Capacidad, neutralidad y lealtad.

3. ¿Qué norma autorizó al Consejo de Gobierno para aprobar el texto refundido de la Ley de la Función Pública de la Región de Murcia?

a) Disposición Final Primera de la Ley 13/1997, de 23 de diciembre.
b) Decreto Legislativo 1/2001, de 26 de enero.
c) Ley 3/1986, de 19 de marzo.
d) Estatuto de Autonomía de la Región de Murcia.

4. ¿Qué texto legal refundió las modificaciones legislativas de la Ley 3/1986 de Función Pública?

a) Ley 55/2003.
b) Ley 30/1984.

c) Decreto Legislativo 1/2001, de 26 de enero.
d) Decreto Legislativo 3/1990.

5. Según el TRLFPRM, ¿qué debe entenderse por Administración Pública de la Región de Murcia?

a) Solo la Administración central.
b) Únicamente la Asamblea Regional.
c) Solo los organismos autónomos.
d) Administración central, fundaciones públicas, organismos autónomos y entidades públicas descentralizadas.

6. ¿Hasta que se apruebe una nueva Ley autonómica completa, qué normas seguirán vigentes?

a) Las actuales sobre ordenación y gestión de recursos humanos mientras no contradigan el EBEP.
b) Las estatales exclusivamente.
c) Las dictadas por los ayuntamientos.
d) Ninguna, quedarán derogadas automáticamente.

7. El objeto del TRLFPRM es:

a) Regular la función pública estatal.
b) Regular exclusivamente el personal sanitario.
c) Regular la Función Pública de la Administración Pública de la Región de Murcia.
d) Crear nuevos cuerpos y escalas.

8. ¿Qué norma estatal desarrolla las bases sobre las que se apoya la Ley murciana de Función Pública?

a) Ley Orgánica 3/1980.
b) Ley 30/1984, de 2 de agosto, de Medidas para la Reforma de la Función Pública.
c) Ley 39/2015, de Procedimiento Administrativo.
d) Ley 40/2015, de Régimen Jurídico del Sector Público.

9. ¿A quién se aplican los preceptos del TRLFPRM en materia docente?

a) Solo a funcionarios del Estado.
b) Solo a docentes universitarios.
c) A los interinos únicamente.
d) Al personal docente regional en materias no reguladas por normas básicas estatales.

10. ¿Qué personal NO se integra en la Función Pública Regional?

a) Personal interino.
b) Funcionarios propios.
c) Personal de las Corporaciones Locales de la Región de Murcia.
d) Personal laboral fijo.

En MADTEST tienes **más preguntas de este tema**, y todos tus avances quedan registrados y se reflejan en el ranking.

¡Supera tus límites con MADTEST!

Solución al test n.º 16

1. b) La Función Pública de la Administración Pública de la Región de Murcia.

2. b) Igualdad, mérito, capacidad y publicidad.

3. a) Disposición Final Primera de la Ley 13/1997, de 23 de diciembre.

4. c) Decreto Legislativo 1/2001, de 26 de enero.

5. d) Administración central, fundaciones públicas, organismos autónomos y entidades públicas descentralizadas.

6. a) Las actuales sobre ordenación y gestión de recursos humanos mientras no contradigan el EBEP.

7. c) Regular la Función Pública de la Administración Pública de la Región de Murcia.

8. b) Ley 30/1984, de 2 de agosto, de Medidas para la Reforma de la Función Pública.

9. d) Al personal docente regional en materias no reguladas por normas básicas estatales.

10. c) Personal de las Corporaciones Locales de la Región de Murcia.

TEST N.º 17

Oferta de Empleo Público y Selección de Personal. Adquisición y pérdida de la condición de funcionario. La carrera administrativa y la provisión de puestos de trabajo. Situaciones administrativas de los funcionarios

1. Señalar la opción incorrecta. El acceso al empleo público se efectuará de acuerdo con los principios constitucionales de:

a) Capacidad.
b) Mérito.
c) Igualdad.
d) Participación.

2. Los órganos de selección serán colegiados y su composición deberá ajustarse a los principios de:

a) Imparcialidad y profesionalidad de sus miembros.
b) Representatividad y homogeneidad.
c) Publicidad y transparencia.
d) Eficacia, participación y economía.

3. ¿Cuál de los siguientes no es un sistema de selección de personal laboral fijo en la Administración Pública?

a) Transferencia o cesión.
b) Oposición.
c) Concurso-oposición.
d) Concurso de valoración de méritos.

4. Según el artículo 26 del TRLFPRM, ¿Cuál es la edad mínima para poder participar en los procesos selectivos de funcionarios?

a) 14 años.
b) 16 años.

c) 17 años.
d) 18 años.

5. Podrá/n formar parte de los órganos de selección:

a) El personal eventual.
b) Los funcionarios interinos.
c) El personal de designación política.
d) El personal laboral.

6. ¿Puede utilizarse el sistema de concurso de valoración de méritos para la selección de personal funcionario de carrera?

a) No, solo se permiten los sistemas de oposición y concurso-oposición.
b) Excepcionalmente, en virtud de ley.
c) Sí, es uno de los sistemas permitidos.
d) Únicamente para la consolidación de empleo.

7. Señalar la opción incorrecta en relación con los órganos de selección:

a) La pertenencia a los órganos de selección será a título representativo, ya sea de la administración o de las organizaciones sindicales.
b) Los órganos de selección serán colegiados.
c) El personal de elección o de designación política, los funcionarios interinos y el personal eventual no podrán formar parte de los órganos de selección.
d) En la composición de los órganos de selección se tenderá a la paridad entre mujer y hombre.

8. ¿Pueden los órganos de selección proponer el acceso a la condición de funcionario de un número superior de aprobados al de plazas convocadas?

a) No, en ningún caso.
b) Sí, siempre que no sobrepasen el 10 % de las plazas convocadas, con objeto de cubrir posibles renuncias de los aspirantes seleccionados.
c) Sí, si así lo prevé la propia convocatoria.
d) Sí, a efectos de creación de listas de reserva.

9. Según el artículo 55.2 del EBEP, en la actuación de los órganos de selección se garantizará el cumplimiento del principio de independencia y:

a) Discreción técnica.
b) Imparcialidad.
c) Transparencia.
d) Agilidad.

10. Según el artículo 59 del EBEP, en las ofertas de empleo público se reservará un cupo de plazas para ser cubiertas entre personas con discapacidad, no inferior al siguiente porcentaje:

a) 2% de las vacantes.
b) 3% de las vacantes.
c) 5% de las vacantes.
d) 7% de las vacantes.

En MADTEST tienes **más preguntas de este tema**, y todos tus avances quedan registrados y se reflejan en el ranking.

¡Supera tus límites con MADTEST!

Solución al test n.º 17

1. d) Participación.

2. a) Imparcialidad y profesionalidad de sus miembros.

3. a) Transferencia o cesión.

4. b) 16 años.

5. d) El personal laboral.

6. b) Excepcionalmente, en virtud de ley.

7. a) La pertenencia a los órganos de selección será a título representativo, ya sea de la administración o de las organizaciones sindicales.

8. c) Sí, si así lo prevé la propia convocatoria.

9. a) Discreción técnica.

10. d) 7% de las vacantes.

TEST N.º 18

Sistema de Retribuciones y Régimen de Seguridad Social. Derechos de los funcionarios. Deberes, incompatibilidades y responsabilidades de los funcionarios. Régimen disciplinario

1. En relación al sistema retributivo de los empleados públicos, es cierto, según el EBEP, que:

a) Podrán acordarse incrementos retributivos que globalmente supongan un incremento de la masa salarial superior a los límites fijados anualmente en la Ley de Presupuestos Generales del Estado para el personal.

b) Podrá percibirse participación en tributos o en cualquier otro ingreso de las Administraciones Públicas como contraprestación de cualquier servicio, participación o premio en multas impuestas, excepto cuando estuviesen normativamente atribuidas a los servicios.

c) Las cuantías de las retribuciones básicas y el incremento de las cuantías globales de las retribuciones complementarias de los funcionarios, así como el incremento de la masa salarial del personal laboral, deberán reflejarse para cada ejercicio presupuestario en la correspondiente ley de presupuestos.

d) Las Administraciones Públicas podrán destinar cantidades por encima del porcentaje de la masa salarial que se fije en las correspondientes Leyes de Presupuestos Generales del Estado a financiar aportaciones a planes de pensiones de empleo o contratos de seguro colectivos que incluyan la cobertura de la contingencia de jubilación, para el personal incluido en sus ámbitos, de acuerdo con lo establecido en la normativa reguladora de los Planes de Pensiones.

2. Las Administraciones Públicas podrán destinar cantidades hasta el porcentaje de la masa salarial que se fije en las correspondientes Leyes de Presupuestos Generales del Estado a financiar aportaciones a planes de pensiones de empleo o contratos de seguro colectivos; estas cantidades tendrán a todos los efectos la consideración de:

a) Retribución básica.
b) Retribución complementaria.
c) Indemnización.
d) Retribución diferida.

3. La cuantía y estructura de las retribuciones complementarias de los funcionarios se establecerán por:

a) Ley estatal.
b) Las correspondientes leyes de cada Administración Pública.
c) Real Decreto del Consejo de Ministros.
d) Decreto del correspondiente Consejo de Gobierno de la Administración Autonómica.

4. ¿Cuál de las siguientes retribuciones complementarias corresponde al nivel del puesto que desempeñe el funcionario?

a) Complemento específico.
b) Complemento de destino.
c) Complemento de productividad.
d) Gratificación por servicios extraordinarios.

5. ¿Podrá percibirse participación en tributos o en cualquier otro ingreso de las Administraciones Públicas como contraprestación de cualquier servicio, participación o premio en multas impuestas?

a) No, en ningún caso.
b) Sí, en cualquier caso.
c) No, excepto cuando estuviesen normativamente atribuidas a los servicios.
d) Sí, excepto cuando estuviesen normativamente atribuidas a los servicios.

6. A tenor del artículo 14 del EBEP los empleados públicos tienen derecho a:

a) A la inamovilidad en la condición de funcionario de carrera.
b) A la formación continua y a la actualización permanente de sus conocimientos y capacidades profesionales, preferentemente fuera del horario laboral.
c) A la libertad de expresión, sin restricción alguna.
d) A participar en la consecución de los objetivos atribuidos a la unidad donde preste sus servicios y a ser consultado por sus superiores por las tareas a desarrollar.

7. Los empleados públicos tienen derecho a la libertad de expresión:

a) En los términos que establezca una ley.
b) En los términos que se establezcan reglamentariamente.
c) A través de sus representantes sindicales.
d) Dentro de los límites del ordenamiento jurídico.

8. Según el EBEP, los funcionarios públicos tendrán un permiso por enfermedad grave de un familiar dentro del primer grado de consanguinidad o afinidad, de:

a) Tres días naturales.
b) Tres días hábiles.

c) Cinco días naturales.
d) Cinco días hábiles.

9. Los funcionarios públicos tendrán una licencia por matrimonio de:

a) 10 días.
b) 15 días.
c) 20 días.
d) 30 días.

10. En un parto múltiple, a partir del segundo hijo se amplía el permiso por nacimiento para la madre biológica:

a) Una semana para cada progenitor.
b) Dos semanas solo para la madre.
c) Tres semanas para ambos progenitores.
d) No hay ampliación.

En MADTEST tienes **más preguntas de este tema**, y todos tus avances quedan registrados y se reflejan en el ranking.

¡Supera tus límites con MADTEST!

Solución al test n.º 18

1. c) Las cuantías de las retribuciones básicas y el incremento de las cuantías globales de las retribuciones complementarias de los funcionarios, así como el incremento de la masa salarial del personal laboral, deberán reflejarse para cada ejercicio presupuestario en la correspondiente ley de presupuestos.

2. d) Retribución diferida.

3. b) Las correspondientes leyes de cada Administración Pública.

4. b) Complemento de destino.

5. a) No, en ningún caso.

6. a) A la inamovilidad en la condición de funcionario de carrera.

7. d) Dentro de los límites del ordenamiento jurídico.

8. d) Cinco días hábiles.

9. b) 15 días.

10. a) Una semana para cada progenitor.

TEST N.º 19

Órganos de Representación, Determinación de las Condiciones de Trabajo y Participación del Personal al Servicio de las Administraciones Públicas: Negociación colectiva y participación en la determinación de las condiciones de trabajo. La participación y el derecho de reunión

1. Completar la siguiente frase: "Los empleados públicos tienen derecho a la negociación colectiva, representación y .... para la determinación de sus condiciones de trabajo":

a) Evaluación del desempeño.
b) Huelga.
c) Participación institucional.
d) Convenio.

2. Quedan excluidas de la obligatoriedad de la negociación colectiva:

a) Las normas que fijen los criterios y mecanismos generales en materia de evaluación del desempeño.
b) Los criterios generales para la determinación de prestaciones sociales y pensiones de clases pasivas.
c) Los criterios generales sobre ofertas de empleo público.
d) La determinación de condiciones de trabajo del personal directivo.

3. Las Juntas de Personal se constituirán en unidades electorales que cuenten con un censo mínimo de:

a) 15 funcionarios.
b) 25 funcionarios.
c) 30 funcionarios.
d) 50 funcionarios.

4. El derecho a participar, a través de las organizaciones sindicales, en los órganos de control y seguimiento de las entidades u organismos que legalmente se determine, es lo que el EBEP denomina:

a) Negociación colectiva.
b) Participación institucional.
c) Representación.
d) Derecho de reunión.

5. En las Mesas de Negociación, las partes están obligadas a negociar bajo el principio de:

a) El interés general.
b) Representación equilibrada.
c) Reconocimiento mutuo.
d) La buena fe.

6. A tenor del artículo 39 del EBEP los órganos específicos de representación de los funcionarios son:

a) Los Comités de Empresa y los Delegados de Prevención.
b) Los Delegados de Personal y las Juntas de Personal.
c) Las Mesas Generales de Negociación y las Mesas Sectoriales.
d) Los Comités de Personal y los Delegados de Servicio.

7. ¿Cuántos Delegados de Personal se elegirán en una unidad electoral con 41 funcionarios?

a) 1.
b) 2.
c) 3.
d) Entre 40 y 100 funcionarios se elige una Junta de Personal con 5 representantes.

8. Los miembros de las Juntas de Personal y los Delegados de Personal de una unidad administrativa con menos de 100 funcionarios, tendrán derecho dentro de la jornada de trabajo, a un crédito de:

a) 8 horas mensuales.
b) 10 horas mensuales.
c) 12 horas mensuales.
d) 15 horas mensuales.

9. El mandato de los miembros de las Juntas de Personal y de los Delegados de Personal, en su caso, será de:

a) 3 años.
b) 4 años.

c) 5 años.
d) 7 años.

10. Señalar la opción correcta:

a) Las Juntas de Personal se elegirán mediante listas cerradas a través de un sistema proporcional corregido, y los Delegados de Personal mediante listas abiertas y sistema mayoritario.

b) Los Delegados de Personal se elegirán mediante listas cerradas a través de un sistema proporcional corregido, y las Juntas de Personal mediante listas abiertas y sistema mayoritario.

c) Tanto las Juntas de Personal como los Delegados de Personal se elegirán mediante listas cerradas a través de un sistema proporcional corregido.

d) Tanto las Juntas de Personal como los Delegados de Personal se elegirán mediante listas abiertas y sistema mayoritario.

En MADTEST tienes **más preguntas de este tema**, y todos tus avances quedan registrados y se reflejan en el ranking.

¡Supera tus límites con MADTEST!

Solución al test n.º 19

1. c) Participación institucional.

2. d) La determinación de condiciones de trabajo del personal directivo.

3. d) 50 funcionarios.

4. b) Participación institucional.

5. d) La buena fe.

6. b) Los Delegados de Personal y las Juntas de Personal.

7. c) 3.

8. d) 15 horas mensuales.

9. b) 4 años.

10. a) Las Juntas de Personal se elegirán mediante listas cerradas a través de un sistema proporcional corregido, y los Delegados de Personal mediante listas abiertas y sistema mayoritario.

TEST N.º 20

La sede electrónica. La identificación y autenticación de las personas físicas y jurídicas para las diferentes actuaciones en la gestión electrónica. El documento electrónico. El expediente electrónico. La Plataforma de Interoperabilidad

1. Señala la palabra que falta, según el artículo 12.1 de la LPACAP. Las Administraciones Públicas deberán garantizar que los interesados pueden relacionarse con la Administración a través de medios electrónicos, para lo que pondrán a su disposición los .... de acceso que sean necesarios así como los sistemas y aplicaciones que en cada caso se determinen:

a) Portales.
b) Servidores.
c) Canales.
d) Códigos.

2. Se define como "dirección electrónica disponible para los ciudadanos a través de redes de telecomunicaciones cuya titularidad, gestión y administración corresponde a una Administración Pública, órgano o entidad administrativa en el ejercicio de sus competencias":

a) Sede electrónica.
b) Administración electrónica.
c) Página web de una Administración Pública.
d) Estándar abierto.

3. El artículo 26.2 de la Ley 39/2015 (LPACAP), exige para ser válidos "contener información de cualquier naturaleza en un soporte electrónico según un formato determinado y susceptible de identificación y tratamiento diferenciado", a:

a) Las notificaciones administrativas.
b) Las comunicaciones electrónicas.

c) Los documentos electrónicos.

d) Los certificados electrónicos.

4. Según el artículo 11 del Real Decreto 203/2021, de 30 de marzo, por el que se aprueba el Reglamento de actuación y funcionamiento del sector público por medios electrónicos, NO es un contenido mínimo que toda sede electrónica ha de poner a disposición de las personas interesadas:

a) La normativa reguladora del Registro al que se acceda a través de la sede electrónica.

b) La relación de sistemas de identificación y firma electrónica que sean admitidos o utilizados en la misma.

c) La identificación del acto o disposición de creación y el acceso al mismo, directamente o mediante enlace a su publicación en el Boletín Oficial correspondiente.

d) Relación histórica de los servicios, procedimientos y trámites publicados.

5. Conforme al artículo 9 de la LPACAP (en redacción dada por el Real Decreto-ley 14/2019, de 31 de octubre), los interesados podrán identificarse electrónicamente ante las Administraciones Públicas a través de cualquier sistema que las Administraciones públicas consideren válido en los términos y condiciones que se establezca, siempre que cuenten con un registro previo como usuario que permita garantizar su identidad y previa comunicación a la Agencia Estatal de Administración Digital. De forma previa a la eficacia jurídica del sistema, habrá de transcurrir desde dicha comunicación el siguiente plazo, durante el cual el órgano estatal competente por motivos de seguridad pública podrá acudir a la vía jurisdiccional, previo informe vinculante de la Secretaría de Estado de Seguridad:

a) 1 mes.

b) 2 meses.

c) 3 meses.

d) 6 meses.

6. En relación con el tipo de comunicación de interesado con la Administración, no es cierto que:

a) Las personas físicas puedan elegir en todo momento si se comunican con las Administraciones Públicas para el ejercicio de sus derechos y obligaciones a través de medios electrónicos o no, salvo que estén obligadas a relacionarse a través de medios electrónicos con las Administraciones Públicas.

b) Las Administraciones puedan establecer la obligación de relacionarse con ellas a través de medios electrónicos para determinados procedimientos y para ciertos colectivos de personas físicas.

c) Las personas jurídicas estén obligadas a relacionarse a través de medios electrónicos con las Administraciones Públicas para la realización de cualquier trámite de un procedimiento administrativo.

d) El medio elegido por la persona para comunicarse con las Administraciones Públicas no puede ser modificado a lo largo del procedimiento.

7. No están obligados a relacionarse a través de medios electrónicos con las Administraciones Públicas para la realización de cualquier trámite de un procedimiento administrativo:

a) Las entidades sin personalidad jurídica.

b) Todo aquel que ostente la representación de un interesado.

c) Quienes ejerzan una actividad profesional para la que se requiera colegiación obligatoria, para los trámites y actuaciones que realicen con las Administraciones Públicas en ejercicio de dicha actividad profesional.

d) Las personas jurídicas.

8. Una condición para que pueda realizarse válidamente la identificación o firma electrónica en el procedimiento administrativo del interesado por un funcionario público mediante el uso del sistema de firma electrónica del que esté dotado para ello, es que:

a) El interesado disponga de los medios electrónicos necesarios.

b) El interesado esté obligado a relacionarse con la Administración por medios electrónicos.

c) El interesado se identifique ante el funcionario y preste su consentimiento expreso para esta actuación.

d) El interesado sea una persona física o jurídica.

9. Cuando los interesados se correspondan con colectivos de personas físicas que por razón de su capacidad económica o técnica, dedicación profesional u otros motivos acreditados tengan garantizado el acceso y disponibilidad de los medios tecnológicos precisos:

a) Estarán obligados a utilizar siempre medios electrónicos para comunicarse con la Administración.

b) Podrán elegir el medio con el que comunicarse con la Administración.

c) Las Administraciones Públicas podrán establecer reglamentariamente la obligatoriedad de comunicarse con ellas utilizando solo medios electrónicos.

d) Tendrán las mismas obligaciones que cualquier persona física en su relación con la Administración.

10. Procedimiento de verificación de la identidad digital de un sujeto en sus interacciones en el ámbito digital:

a) Identificación.
b) Autenticación.
c) Certificación.
d) Cualificación.

En MADTEST tienes **más preguntas de este tema**, y todos tus avances quedan registrados y se reflejan en el ranking.

¡Supera tus límites con MADTEST!

Solución al test n.º 20

1. c) Canales.

2. a) Sede electrónica.

3. c) Los documentos electrónicos.

4. d) Relación histórica de los servicios, procedimientos y trámites publicados.

5. b) 2 meses.

6. d) El medio elegido por la persona para comunicarse con las Administraciones Públicas no puede ser modificado a lo largo del procedimiento.

7. b) Todo aquel que ostente la representación de un interesado.

8. c) El interesado se identifique ante el funcionario y preste su consentimiento expreso para esta actuación.

9. c) Las Administraciones Públicas podrán establecer reglamentariamente la obligatoriedad de comunicarse con ellas utilizando solo medios electrónicos.

10. b) Autenticación.

El Régimen General de la Seguridad Social: campo de aplicación. Inscripción de empresas. Afiliación, altas y bajas. Cotización. Acción protectora del sistema de Seguridad Social. Régimen especial de clases pasivas

1. De acuerdo con lo dispuesto en el artículo 215 TRLGSS podrán acceder a la jubilación parcial sin necesidad de la concertación de un contrato de relevo, los trabajadores que hayan cumplido la edad a que se refiere el artículo 205.1.a) y reúnan los requisitos para causar derecho a la pensión de jubilación, siempre que se produzca una reducción de su jornada de trabajo comprendida entre:

a) Un mínimo del 25 por ciento y un máximo del 75 por ciento.
b) Un mínimo del 50 por ciento y un máximo del 75 por ciento.
c) Un mínimo del 20 por ciento y un máximo del 33 por ciento.
d) Un mínimo del 25 por ciento y un máximo del 50 por ciento.

2. En caso de muerte, cualquiera que fuera su causa, cuando concurran los requisitos exigibles se reconocerán las prestaciones siguientes:

a) Un auxilio por defunción, una prestación temporal de viudedad, una pensión de orfandad, una pensión vitalicia o, en su caso, subsidio temporal en favor de familiares.
b) Una prestación por desempleo, un auxilio por defunción, una pensión vitalicia de viudedad, una prestación temporal de viudedad, una pensión de orfandad, una pensión vitalicia o, en su caso, subsidio temporal en favor de familiares.
c) Un auxilio por defunción, una pensión vitalicia de viudedad, una prestación temporal de viudedad, una pensión de orfandad, una pensión vitalicia o, en su caso, subsidio temporal en favor de familiares.
d) Un auxilio por defunción.

3. Los trabajadores que hubieran desaparecido con ocasión de un accidente, sea o no de trabajo, en circunstancias que hagan presumible su muerte y sin que se haya tenido noticias suyas durante los noventa días naturales siguientes al del accidente:

a) Podrán causar las prestaciones por muerte y supervivencia, excepción hecha del auxilio por defunción. Los efectos económicos de las prestaciones se retrotraerán a la fecha del accidente, en las condiciones que reglamentariamente se determinen.

b) No podrán causar las prestaciones por muerte y supervivencia, excepción hecha del auxilio por defunción. Los efectos económicos de las prestaciones se retrotraerán a la fecha del accidente, en las condiciones que reglamentariamente se determinen.

c) Podrán causar las prestaciones por muerte y supervivencia, excepción hecha de la pensión de viudedad. Los efectos económicos de las prestaciones se retrotraerán a la fecha del accidente, en las condiciones que reglamentariamente se determinen.

d) Podrán causar las prestaciones por muerte y supervivencia, excepción hecha del auxilio por defunción. Los efectos económicos de las prestaciones se retrotraerán a la fecha de la solicitud de la prestación, en las condiciones que reglamentariamente se determinen.

4. De conformidad con el artículo 136.1 TRLGGS, estarán obligatoriamente incluidos en el campo de aplicación del Régimen General de la Seguridad Social:

a) Los trabajadores por cuenta propia y los asimilados a los que se refiere el artículo 7.1.a) de esta ley, salvo que por razón de su actividad deban quedar comprendidos en el campo de aplicación de algún régimen especial de la Seguridad Social.

b) Los trabajadores por cuenta ajena y los asimilados a los que se refiere el artículo 7.1.a) de esta ley, salvo que por razón de su actividad deban quedar comprendidos en el campo de aplicación de algún régimen especial de la Seguridad Social.

c) Los trabajadores por cuenta ajena y los asimilados a los que por razón de su actividad deban quedar comprendidos en el campo de aplicación de algún régimen especial de la Seguridad Social.

d) Ninguna es correcta.

5. Según el artículo 137 TRLGSS no darán lugar a inclusión en este Régimen General los siguientes trabajos:

a) Los que se ejecuten mediante los llamados servicios amistosos, benévolos o de buena vecindad, los que den lugar a la inclusión en alguno de los sistemas especiales de la Seguridad Social y los realizados por los profesores universitarios eméritos, de conformidad con lo previsto en el apartado 2 de la disposición adicional vigésima segunda de la Ley Orgánica 6/2001, de 21 de diciembre, de Universidades, así como por el personal licenciado sanitario emérito nombrado al amparo de la disposición adicional cuarta de la Ley 55/2003, de 16 de diciembre, del Estatuto Marco del personal estatutario de los servicios de salud.

b) Los que se ejecuten ocasionalmente mediante los llamados servicios amistosos, benévolos o de buena vecindad, los que den lugar a la inclusión en alguno de los regímenes especiales de la Seguridad Social y los realizados por los profesores en general, así como por el personal licenciado sanitario.

c) Los que se ejecuten ocasionalmente mediante los llamados servicios amistosos, benévolos o de buena vecindad, los que den lugar a la inclusión en alguno de los regímenes especiales de la Seguridad Social y los realizados por los profesores universitarios eméritos, de conformidad con lo previsto en el apartado 2 de la disposición adicional vigésima segunda de la Ley Orgánica 6/2001, de 21 de diciembre, de Universidades, así como por el personal licenciado sanitario emérito nombrado al amparo de la disposición adicional cuarta de la Ley 55/2003, de 16 de diciembre, del Estatuto Marco del personal estatutario de los servicios de salud.

d) Los que se ejecuten ocasionalmente mediante los llamados servicios generosos, los que den lugar a la inclusión en alguno de los regímenes especiales de la Seguridad Social y los realizados por los profesores universitarios eméritos, de conformidad con lo previsto en el apartado 2 de la disposición adicional vigésima segunda de la Ley Orgánica 6/2001, de 21 de diciembre, de Universidades, así como por el personal licenciado sanitario emérito nombrado al amparo de la disposición adicional cuarta de la Ley 55/2003, de 16 de diciembre, del Estatuto Marco del personal estatutario de los servicios de salud.

6. A los efectos del artículo 136.2 TRLGSS se declaran expresamente comprendidos en el Régimen General:

a) Los trabajadores incluidos en el Sistema Especial para Empleados de Hogar y en el Sistema Especial para Trabajadores por Cuenta Ajena Agrarios, así como en cualquier otro de los sistemas especiales a que se refiere el artículo 11, establecidos en el Régimen General de la Seguridad Social.

b) Los trabajadores por cuenta ajena y los socios trabajadores de las sociedades de capital, aun cuando sean miembros de su órgano de administración, si el desempeño de este cargo no conlleva la realización de las funciones de dirección y gerencia de la sociedad, ni posean su control en los términos previstos por el artículo 305.2.b).

c) Como asimilados a trabajadores por cuenta ajena, los consejeros y administradores de las sociedades de capital, siempre que no posean su control en los términos previstos por el artículo 305.2.b), cuando el desempeño de su cargo conlleve la realización de las funciones de dirección y gerencia de la sociedad, siendo retribuidos por ello o por su condición de trabajadores por cuenta de la misma.

d) Todas son correctas.

7. A los efectos de las prestaciones en su modalidad contributiva, ¿quién queda comprendido en el campo de aplicación del sistema de la Seguridad Social?

a) Españoles y extranjeros residan o no en España.

b) Españoles que residan en territorio español y extranjeros que residan o se encuentren legalmente en España con independencia de la actividad que desarrollen.

c) Españoles que residan en España y extranjeros que residan o se encuentren en España siempre que en ambos supuestos ejerzan su actividad en territorio nacional y se trate de algunas de las actividades previstas en el artículo 7.1. TRLGSS.

d) Españoles que residan en territorio nacional.

8. Los Regímenes Especiales actualmente en vigor son:

a) Régimen Especial de Trabajadores por cuenta propia o autónomos (RETA).

b) RETA y Régimen Especial del Mar (REM).

c) RETA, REM, Régimen de la Minería del Carbón y Seguro Escolar.

d) Ninguna es correcta.

9. De acuerdo con lo dispuesto en el artículo 23 RD 84/1996, de 26 de enero, las formas en las que puede promoverse la afiliación al sistema de la Seguridad Social:

a) A instancias del empresario o del representante de los trabajadores.
b) A instancias del empresario, de los trabajadores o de oficio.
c) A instancias del delegado sindical.
d) Por los trabadores.

10. La afiliación al sistema de la Seguridad Social debe realizarse:

a) Con carácter previo.
b) Dentro de los 30 días siguientes al iniciar la actividad.
c) Dentro de los 3 días siguientes al iniciar la actividad.
d) No es necesario solicitar la afiliación.

En MADTEST tienes **más preguntas de este tema**, y todos tus avances quedan registrados y se reflejan en el ranking.

¡Supera tus límites con MADTEST!

Solución al test n.º 21

1. a) Un mínimo del 25 por ciento y un máximo del 75 por ciento.

2. c) Un auxilio por defunción, una pensión vitalicia de viudedad, una prestación temporal de viudedad, una pensión de orfandad, una pensión vitalicia o, en su caso, subsidio temporal en favor de familiares.

3. a) Podrán causar las prestaciones por muerte y supervivencia, excepción hecha del auxilio por defunción. Los efectos económicos de las prestaciones se retrotraerán a la fecha del accidente, en las condiciones que reglamentariamente se determinen.

4. b) Los trabajadores por cuenta ajena y los asimilados a los que se refiere el artículo 7.1.a) de esta ley, salvo que por razón de su actividad deban quedar comprendidos en el campo de aplicación de algún régimen especial de la Seguridad Social.

5. c) Los que se ejecuten ocasionalmente mediante los llamados servicios amistosos, benévolos o de buena vecindad, los que den lugar a la inclusión en alguno de los regímenes especiales de la Seguridad Social y los realizados por los profesores universitarios eméritos, de conformidad con lo previsto en el apartado 2 de la disposición adicional vigésima segunda de la Ley Orgánica 6/2001, de 21 de diciembre, de Universidades, así como por el personal licenciado sanitario emérito nombrado al amparo de la disposición adicional cuarta de la Ley 55/2003, de 16 de diciembre, del Estatuto Marco del personal estatutario de los servicios de salud.

6. d) Todas son correctas.

7. c) Españoles que residan en España y extranjeros que residan o se encuentren en España siempre que en ambos supuestos ejerzan su actividad en territorio nacional y se trate de algunas de las actividades previstas en el artículo 7.1. TRLGSS.

8. c) RETA, REM, Régimen de la Minería del Carbón y Seguro Escolar.

9. b) A instancias del empresario, de los trabajadores o de oficio.

10. a) Con carácter previo.

III. Gestión Económico-Presupuestaria y Tributaria

TEST N.º 22

Hacienda Pública Regional: Principios generales y derechos económicos. Administración de los derechos económicos de la Hacienda Pública Regional. Obligaciones económicas de la Hacienda Pública Regional

1. La Ley de Hacienda Pública de la Región de Murcia vigente es:

a) La Ley 3/1990.
b) La Ley 11/1998.
c) El Decreto Legislativo 1/1999.
d) La Ley 7/1993.

2. De acuerdo con el principio de unidad de caja:

a) El presupuesto se elaborará considerando los objetivos y prioridades establecidos por la ordenación y planificación de la actividad económica regional.
b) Se integrarán y custodiarán en el Tesoro Público Regional todos los fondos y valores de la Hacienda Pública regional.
c) Los recursos de la Hacienda Pública regional se destinarán a satisfacer el conjunto de sus obligaciones salvo que por ley se establezca su afectación a fines determinados.
d) Ninguna respuesta es correcta.

3. Quedan sometidos al principio de reserva de ley:

a) Los Presupuestos Generales de la Comunidad Autónoma.
b) El régimen general y especial en materia financiera de los organismos autónomos regionales.
c) La modificación de un tributo propio.
d) Todas las respuestas anteriores son correctas.

4. Señala cuál de los principios que se enuncian no se citan en el artículo 4 del Decreto Legislativo 1/1999:

a) Transparencia.
b) Unidad de caja

c) Contabilidad pública

d) Presupuesto único anual

5. Es competencia del Consejo de Gobierno:

a) Velar por la ejecución de los Presupuestos Generales de la Comunidad Autónoma y por el cumplimiento de las disposiciones referentes a la Hacienda Pública Regional.

b) Prestar o denegar la conformidad a la tramitación de las proposiciones de ley o enmiendas que impliquen un aumento de los créditos presupuestarios del estado de gastos o una disminución de los ingresos presupuestarios.

c) La función de ordenación de pagos.

d) Dictar las disposiciones y resoluciones que procedan en el ámbito de las materias propias del Decreto Legislativo 1/1999.

6. Es competencia de la persona titular de la Consejería en materia de Economía y Hacienda:

a) Determinar las directrices de la política económica y financiera de la Comunidad Autónoma.

b) Elaborar y someter al Consejo de Gobierno el Anteproyecto de Ley de Presupuestos Generales de la Comunidad Autónoma.

c) Prestar o denegar la conformidad a la tramitación de las proposiciones de ley o enmiendas que impliquen un aumento de los créditos presupuestarios del estado de gastos o una disminución de los ingresos presupuestarios.

d) Ordenar los gastos en los supuestos legalmente previstos.

7. Es competencias de los titulares de Consejerías:

a) Gestionar los créditos presupuestarios de sus respectivas Secciones.

b) Dictar las disposiciones y resoluciones que procedan en el ámbito de las materias propias del Decreto Legislativo 1/1999.

c) Elaborar y someter al Consejo de Gobierno el Anteproyecto de Ley de Presupuestos Generales de la Comunidad Autónoma.

d) Determinar las directrices de la política económica y financiera de la Comunidad Autónoma.

8. Por el principio de no afectación de los recursos:

a) Sólo se destinan al origen del recurso en cuestión.

b) No pueden minorarse en ningún caso.

c) Se destinarán a satisfacer el conjunto de sus obligaciones, salvo que por ley se establezca su afectación a fines determinados.

d) Ningunas de las anteriores opciones es correcta.

9. La administración de los recursos de la Hacienda Pública Regional corresponde:

a) Exclusivamente al Consejo de Gobierno.
b) A la Asamblea Regional.
c) A la persona titular de la Consejería de Economía y Hacienda o a los Presidentes/Directores de organismos autónomos.
d) A la Agencia Estatal de Administración Tributaria.

10. Las entidades o personas que administren derechos económicos de la Hacienda Pública Regional:

a) No están sujetas a ningún tipo de control.
b) Solo deben rendir cuentas si lo determina un juez.
c) Dependen de la persona titular de la Consejería de Economía y Hacienda o del organismo autónomo correspondiente.
d) Solo rinden cuentas al Tribunal de Cuentas.

En MADTEST tienes **más preguntas de este tema,** y todos tus avances quedan registrados y se reflejan en el ranking.

¡Supera tus límites con MADTEST!

Solución al test n.º 22

1. c) El Decreto Legislativo 1/1999.

2. b) Se integrarán y custodiarán en el Tesoro Público Regional todos los fondos y valores de la Hacienda Pública regional.

3. d) Todas las respuestas anteriores son correctas.

4. a) Transparencia.

5. b) Prestar o denegar la conformidad a la tramitación de las proposiciones de ley o enmiendas que impliquen un aumento de los créditos presupuestarios del estado de gastos o una disminución de los ingresos presupuestarios.

6. b) Elaborar y someter al Consejo de Gobierno el Anteproyecto de Ley de Presupuestos Generales de la Comunidad Autónoma.

7. a) Gestionar los créditos presupuestarios de sus respectivas Secciones.

8. c) Se destinarán a satisfacer el conjunto de sus obligaciones, salvo que por ley se establezca su afectación a fines determinados.

9. c) A la persona titular de la Consejería de Economía y Hacienda o a los Presidentes/Directores de organismos autónomos.

10. c) Dependen de la persona titular de la Consejería de Economía y Hacienda o del organismo autónomo correspondiente.

Presupuestos y gestión económica-financiera: Concepto, elaboración y aprobación de los Presupuestos Generales de la Comunidad Autónoma. Los créditos y sus modificaciones. Ejecución y Liquidación de los Presupuestos Generales de la Comunidad Autónoma. Control Interno e Intervención

1. Indica cuál es la definición legal de Presupuesto según el Decreto Legislativo 1/1999:

a) Los Presupuestos Generales de la Comunidad Autónoma constituyen la expresión cifrada, conjunta y sistemática de: a.- Las obligaciones que, como mínimo, pueden reconocer la Administración Pública regional y sus organismos autónomos, y los derechos que se prevean liquidar durante el correspondiente ejercicio. b.- Las estimaciones de gastos e ingresos a realizar por las entidades públicas empresariales, otras entidades de derecho público de la Comunidad Autónoma de la Región de Murcia, sociedades mercantiles regionales y fundaciones del sector público autonómico.

b) Los Presupuestos Generales de la Comunidad Autónoma constituyen la expresión cifrada, conjunta y sistemática de: a.- Las obligaciones que pueden reconocer la Administración Pública regional y sus organismos autónomos, y los derechos que se prevean liquidar durante el correspondiente ejercicio. b.- Las estimaciones de gastos e ingresos a realizar por las entidades públicas empresariales, otras entidades de derecho público de la Comunidad Autónoma de la Región de Murcia, sociedades mercantiles regionales y fundaciones del sector público autonómico.

c) Los Presupuestos Generales de la Comunidad Autónoma constituyen la expresión cifrada, conjunta y sistemática de: a.- Las obligaciones que, como máximo, pueden reconocer la Administración Pública regional y sus organismos autónomos, y los derechos que se prevean liquidar durante el correspondiente ejercicio. b.- Las cantidad exacta de gastos e ingresos a realizar por las entidades públicas empresariales, otras entidades de derecho público de la Comunidad Autónoma de la Región de Murcia, sociedades mercantiles regionales y fundaciones del sector público autonómico.

d) Los Presupuestos Generales de la Comunidad Autónoma constituyen la expresión cifrada, conjunta y sistemática de: a.- Las obligaciones que, como máximo, pueden reconocer la Administración Pública regional y sus organismos autónomos, y los derechos que se prevean liquidar durante el correspondiente ejercicio. b.- Las estimaciones de gastos e ingresos a realizar por las entidades públicas empresariales, otras entidades de derecho público de la Comunidad Autónoma de la Región de Murcia, sociedades mercantiles regionales, fundaciones del sector público autonómico y consorcios adscritos a la Administración Pública regional.

2. El ejercicio presupuestario coincidirá con el año natural y a él se imputarán:

a) Las obligaciones reconocidas hasta el 31 de octubre del correspondiente ejercicio, siempre que correspondan a adquisiciones, obras, servicios, prestaciones o gastos en general realizados dentro del mismo y con cargo a los respectivos créditos.

b) Las obligaciones reconocidas hasta el 31 de diciembre del correspondiente ejercicio, siempre que correspondan a gastos de personal o en bienes corrientes y de servicios o gastos en general realizados dentro del mismo y con cargo a los respectivos créditos.

c) Las obligaciones reconocidas hasta el 1 de diciembre del correspondiente ejercicio, siempre que correspondan a gastos financieros o gastos en general realizados dentro del mismo y con cargo a los respectivos créditos.

d) Las obligaciones reconocidas hasta el 31 de diciembre del correspondiente ejercicio, siempre que correspondan a adquisiciones, obras, servicios, prestaciones o gastos en general realizados dentro del mismo y con cargo a los respectivos créditos.

3. La estructura de los Presupuestos Generales de la Comunidad Autónoma se determinará por:

a) El Presidente de la Región.
b) El Consejo de Gobierno.
c) La Consejería de Economía, Hacienda y Administración Digital.
d) La Asamblea Regional.

4. La clasificación orgánica de los créditos hace que se agrupen por:

a) Capítulos, conceptos y subconceptos.
b) Centros.
c) Grupos.
d) Secciones y Servicios.

5. El Capítulo 3 de la clasificación económica de ingresos es:

a) Impuestos indirectos.
b) Enajenación de inversiones reales.
c) Ingresos patrimoniales.
d) Tasas, precios públicos y otros ingresos.

6. El Capítulo 7 de la clasificación económica de ingresos es:

a) Transferencias de capital.
b) Enajenación de inversiones reales.

c) Activos financieros.
d) Pasivos financieros.

7. El Capítulo 5 de la clasificación económica de gastos es:

a) Gastos financieros.
b) Fondo de Contingencia y otros fondos.
c) Ingresos patrimoniales.
d) Gastos de personal.

8. El Capítulo 2 de la clasificación económica de gastos es:

a) Impuestos indirectos.
b) Transferencias corrientes.
c) Gastos en bienes corrientes y servicios.
d) Transferencias de capital.

9. El Grupo 4 de la clasificación funcional de ingresos es:

a) Producción de Bienes Públicos de Carácter Social.
b) Seguridad, Protección y Promoción Social.
c) Producción de Bienes Públicos de Carácter Económico.
d) Servicios de Carácter General.

10. La Sección 12 de la clasificación orgánica de gastos es:

a) Consejería de Presidencia.
b) Consejería de Salud.
c) Consejería de Educación, Juventud y Deportes.
d) Consejería de Agua, Agricultura, Ganadería y Pesca.

En MADTEST tienes **más preguntas de este tema**, y todos tus avances quedan registrados y se reflejan en el ranking.

¡Supera tus límites con MADTEST!

Solución al test n.º 23

1. d) Los Presupuestos Generales de la Comunidad Autónoma constituyen la expresión cifrada, conjunta y sistemática de: a.- Las obligaciones que, como máximo, pueden reconocer la Administración Pública regional y sus organismos autónomos, y los derechos que se prevean liquidar durante el correspondiente ejercicio. b.- Las estimaciones de gastos e ingresos a realizar por las entidades públicas empresariales, otras entidades de derecho público de la Comunidad Autónoma de la Región de Murcia, sociedades mercantiles regionales, fundaciones del sector público autonómico y consorcios adscritos a la Administración Pública regional.

2. d) Las obligaciones reconocidas hasta el 31 de diciembre del correspondiente ejercicio, siempre que correspondan a adquisiciones, obras, servicios, prestaciones o gastos en general realizados dentro del mismo y con cargo a los respectivos créditos.

3. c) La Consejería de Economía, Hacienda y Administración Digital.

4. d) Secciones y Servicios.

5. d) Tasas, precios públicos y otros ingresos.

6. a) Transferencias de capital.

7. b) Fondo de Contingencia y otros fondos.

8. c) Gastos en bienes corrientes y servicios.

9. a) Producción de Bienes Públicos de Carácter Social.

10. b) Consejería de Salud.

TEST N.º 24

Plan General de Contabilidad Pública de la Región de Murcia: ámbito de aplicación. Fines de la contabilidad. Principios contables

1. El Decreto Legislativo que aprueba el Texto Refundido de la Ley de Hacienda de la Región de Murcia es:

a) Ley Orgánica 3/2001.
b) Decreto Legislativo 1/1999.
c) Orden de 27 de junio de 2017.
d) Decreto 53/2002.

2. La Orden que aprueba el Plan General de Contabilidad Pública de la Región de Murcia es:

a) Orden EHA/1037/2010.
b) Orden de 12 de septiembre de 2019.
c) Orden de 27 de junio de 2017.
d) Orden de 1 de enero de 2005.

3. El Plan General de Contabilidad Pública de la Región de Murcia se aplica de forma obligatoria a:

a) Entidades privadas subvencionadas.
b) Solo los organismos nacionales.
c) Administración General de la CARM y su sector público.
d) Empresas internacionales con sede en la región.

4. La norma que regula los principios generales del sistema contable de la Administración Pública Regional es:

a) Decreto Legislativo 1/1999.
b) Ley 30/2007.

c) Decreto 53/2002.
d) Real Decreto 437/1998.

5. La Consejería encargada de organizar la contabilidad pública regional es:

a) Consejería competente en materia de Hacienda.
b) Consejería competente en materia de Interior.
c) Consejería competente en materia de Sanidad.
d) Presidencia de la Asamblea.

6. Uno de los fines de la contabilidad pública es registrar:

a) El crecimiento de la población.
b) La ejecución del Presupuesto.
c) La actividad del sector privado.
d) La evolución del mercado bursátil.

7. El movimiento y la situación de la tesorería deben ser conocidos mediante:

a) Informes jurídicos.
b) Encuestas económicas.
c) Contabilidad pública.
d) Auditorías privadas.

8. Uno de los fines de gestión del sistema contable regional es:

a) Suministrar información útil para otros destinatarios.
b) Establecer el Balance de la Administración Pública.
c) Proporcionar información para el ejercicio de los controles de legalidad y financiero y de eficacia.
d) Facilitar datos y antecedentes necesarios para la confección de las cuentas económicas del Sector Público Regional y las Nacionales de España.

9. La contabilidad pública facilita información para determinar:

a) El valor de mercado de los servicios.
b) El coste y rendimiento de los servicios públicos.
c) La deuda privada.
d) Las estadísticas sanitarias.

10. Entre los fines de control del sistema contable está proporcionar:

a) Datos para la Cuenta General.
b) Información para la determinación del coste y del rendimiento.
c) Los movimientos y situación del Tesoro Público Regional.
d) Información económica y financiera útil para la toma de decisiones.

En MADTEST tienes **más preguntas de este tema**, y todos tus avances quedan registrados y se reflejan en el ranking.

¡Supera tus límites con MADTEST!

Solución al test n.º 24

1. b) Decreto Legislativo 1/1999.

2. c) Orden de 27 de junio de 2017.

3. c) Administración General de la CARM y su sector público.

4. c) Decreto 53/2002.

5. a) Consejería competente en materia de Hacienda.

6. b) La ejecución del Presupuesto.

7. c) Contabilidad pública.

8. b) Establecer el Balance de la Administración Pública.

9. b) El coste y rendimiento de los servicios públicos.

10. a) Datos para la Cuenta General.

La LOFCA: Recursos de las Comunidades Autónomas. Régimen de cesión de tributos del Estado a la Comunidad Autónoma de la Región de Murcia y de fijación del objeto y alcance de dicha cesión: objeto de la Ley; tributos cedidos; rendimiento que se cede; normativa aplicable a los tributos cedidos

1. A continuación enumeramos distintos tipos de ingresos públicos. Señala la opción correspondiente en la que solo se incluyan impuestos indirectos:

a) El impuesto sobre Sucesiones y Donaciones, el Impuesto sobre el Patrimonio y el Impuesto sobre la Renta de las Personas Físicas.
b) Los ingresos procedentes de Tasas y Precios Públicos, de la Venta de Bienes y Prestaciones de Servicios y la Tasa Fiscal sobre el Juego.
c) El Impuesto sobre transmisiones patrimoniales y Actos Jurídicos Documentados, el Impuesto sobre el Valor Añadido y el Impuesto sobre la Cerveza.
d) Las Transferencias corrientes y los ingresos patrimoniales por intereses de depósitos y dividendos.

2. El artículo 2 de la Ley 58/2003, de 17 de diciembre, General Tributaria, clasifica los tributos en:

a) Tributos de naturaleza directa que gravan la obtención de renta o la propiedad de un patrimonio en sí mismos y tributos de naturaleza indirecta que gravan el consumo o la transmisión de activos.
b) Impuestos, contribuciones especiales y tasas.
c) Impuestos, contribuciones especiales, tasas y precios públicos.
d) Impuestos, cotizaciones sociales, contribuciones especiales y tasas.

3. ¿Dónde aplica el sistema foral tradicional de concierto económico?

a) En el País Vasco, Cataluña y Galicia.
b) En el País Vasco, Cataluña y Navarra.
c) En el País Vasco y Cantabria.
d) En el País Vasco.

4. Las Tasas y Precios Públicos, a nivel estatal, se regulan por:

a) La Ley 8/88, de 13 de abril.
b) La Ley 8/89, de 13 de abril.
c) La Ley 9/89, de 13 de abril.
d) La Ley 9/98, de 13 de abril.

5. La Constitución señala que las Comunidades Autónomas gozarán de autonomía financiera para el desarrollo y ejecución de sus competencias con arreglo a los principios de coordinación con la Hacienda estatal y de solidaridad entre todos los españoles en el artículo:

a) 155.
b) 156.
c) 157.
d) 158.

6. Conforme al art. 158.2 de la Constitución, se constituirá un Fondo de Compensación cuyos recursos serán distribuidos por las Cortes Generales:

a) Entre las Comunidades Autónomas.
b) Entre las Comunidades Autónomas y municipios, en su caso.
c) Entre las Comunidades Autónomas y provincias, en su caso.
d) Entre las Comunidades Autónomas y Corporaciones locales, en su caso.

7. Según el art. 157.2 de la Constitución:

a) Las Comunidades Autónomas no podrán en ningún caso adoptar medidas tributarias sobre bienes situados fuera de su territorio.
b) Las Comunidades Autónomas podrán en algunos casos adoptar medidas tributarias sobre bienes situados fuera de su territorio.
c) Podrán adoptar medidas tributarias que supongan obstáculo para la libre circulación de mercancías o servicios.
d) a) y c) son correctas.

8. La Ley Orgánica 3/2009, de 22 de septiembre, que ha modificado el artículo 11 de la LOFCA, señala que puede ser cedido a las Comunidades Autónomas, en las condiciones que establece la presente Ley, el Impuesto sobre la Renta de las Personas Físicas:

a) Con carácter parcial con el límite máximo del 25 por 100.
b) Con carácter parcial con el límite máximo del 33 por 100.
c) Con carácter parcial con el límite máximo del 50 por 100.
d) Con carácter total.

9. El principio de suficiencia se concreta en:

a) El cálculo de las necesidades de financiación.
b) En la regulación de sus recursos.
c) En sus reglas de evolución.
d) Todas las respuestas anteriores son correctas.

10. El principio de territorialidad fiscal está recogido en la Constitución en su artículo:

a) 2.
b) 133.1.
c) 158.2.
d) 52.

En MADTEST tienes **más preguntas de este tema**, y todos tus avances quedan registrados y se reflejan en el ranking.

¡Supera tus límites con MADTEST!

Solución al test n.º 25

1. c) El Impuesto sobre transmisiones patrimoniales y Actos Jurídicos Documentados, el Impuesto sobre el Valor Añadido y el Impuesto sobre la Cerveza.

2. b) Impuestos, contribuciones especiales y tasas.

3. d) En el País Vasco.

4. b) La Ley 8/89, de 13 de abril.

5. b) 156.

6. c) Entre las Comunidades Autónomas y provincias, en su caso.

7. a) Las Comunidades Autónomas no podrán en ningún caso adoptar medidas tributarias sobre bienes situados fuera de su territorio.

8. c) Con carácter parcial con el límite máximo del 50 por 100.

9. d) Todas las respuestas anteriores son correctas.

10. c) 158.2.

TEST N.º 26

Ley de Tasas, Precios Públicos y Contribuciones Especiales de la Región de Murcia: Disposiciones generales. Tasas: concepto. Precios Públicos: concepto. Contribuciones especiales: hecho imponible y sujeto pasivo

1. ¿Qué principio tributario dispone que las leyes y los reglamentos que modifiquen normas tributarias contendrán una relación completa de las normas derogadas y la nueva redacción de las que resulten modificadas?

a) El principio de seguridad jurídica.
b) El principio de generalidad.
c) El principio de legalidad.
d) El principio de ejecutividad de las liquidaciones tributarias.

2. ¿Cómo se denominan los tributos exigidos sin contraprestación cuyo hecho imponible está constituido por negocios, actos o hechos que ponen de manifiesto la capacidad económica del contribuyente?

a) Impuestos.
b) Tasas.
c) Contribuciones especiales.
d) Ninguna respuesta es correcta.

3. ¿Cómo se denominan los tributos cuyo imponible consiste en la obtención por el obligado tributario de un beneficio o de un aumento de valor de sus bienes como consecuencia de la realización de obras públicas o del establecimiento o ampliación de servicios públicos?

a) Impuestos.
b) Tasas.
c) Contribuciones especiales.
d) Ninguna respuesta es correcta.

4. ¿Qué recursos de derecho público regula el Decreto Legislativo 1/2004?

a) Tasas, tributos locales y cánones.
b) Tasas, precios públicos y contribuciones especiales.
c) Tributos estatales, tasas y precios privados.
d) Precios públicos, tasas municipales y multas.

5. Esta Ley no se aplica a los ingresos obtenidos:

a) Por tasas sanitarias.
b) Por servicios prestados en régimen de derecho público.
c) Por concesiones administrativas cuando provienen de norma con rango legal.
d) Por precios públicos.

6. ¿Cuál es uno de los medios posibles para el pago de tasas y contribuciones según la Ley?

a) Sólo en efectivo en la entidad bancaria.
b) Mediante declaración notarial.
c) Por compensación, si así se establece.
d) Únicamente mediante tarjeta bancaria.

7. ¿Cuál de estas situaciones permite aplazar sin garantía el pago de la deuda?

a) Deudas derivadas de sanciones.
b) Cualquier deuda si el deudor lo solicita.
c) Deudas inferiores al umbral fijado por la persona titular de la Consejería competente.
d) Todas las deudas superiores a 3.000 euros.

8. Las cantidades aplazadas:

a) No devengan intereses.
b) Devengan interés legal del dinero.
c) Devengan el interés de demora regulado en el Decreto Legislativo 1/1999.
d) Sólo devengan intereses si superan 6 meses.

9. En caso de poder acogerse a más de una bonificación, el contribuyente:

a) Debe aplicarse la más baja.
b) Debe elegir expresamente una.
c) No podrá optar por ninguna.
d) Debe solicitar autorización judicial.

10. Los expedientes de devolución deberán resolverse en un máximo de:

a) Un mes.
b) Dos meses.
c) Tres meses.
d) Cuatro meses.

En MADTEST tienes **más preguntas de este tema**, y todos tus avances quedan registrados y se reflejan en el ranking.

¡Supera tus límites con MADTEST!

Solución al test n.º 26

1. a) El principio de seguridad jurídica.

2. a) Impuestos.

3. c) Contribuciones especiales.

4. b) Tasas, precios públicos y contribuciones especiales.

5. c) Por concesiones administrativas cuando provienen de norma con rango legal.

6. c) Por compensación, si así se establece.

7. c) Deudas inferiores al umbral fijado por la persona titular de la Consejería competente.

8. c) Devengan el interés de demora regulado en el Decreto Legislativo 1/1999.

9. b) Debe elegir expresamente una.

10. c) Tres meses.

TEST N.º 27

Contratos del Sector Público: ámbito de aplicación subjetiva. Carácter administrativo y privado de los contratos. Régimen jurídico de los contratos administrativos. Régimen jurídico de los contratos privados. Requisitos de los contratos y órganos de contratación

1. Están incluidos en el ámbito de la Ley de Contratos del Sector Público:

a) La relación de servicio de los funcionarios públicos y los contratos regulados en la legislación laboral.

b) Las relaciones jurídicas consistentes en la prestación de un servicio público cuya utilización por los usuarios requiera el abono de una tarifa, tasa o precio público de aplicación general.

c) Los contratos relativos a servicios de arbitraje y conciliación.

d) Los contratos onerosos, cualquiera que sea su naturaleza jurídica, que celebren las Mutuas de Accidentes de Trabajo y Enfermedades Profesionales de la Seguridad Social.

2. Los contratos que tienen por objeto la adquisición, el arrendamiento financiero, o el arrendamiento, con o sin opción de compra, de productos o bienes muebles, son:

a) Contratos de servicios.

b) Contratos de suministro.

c) Contratos de obras.

d) Contratos de gestión de servicios públicos.

3. No se consideran contratos de suministros:

a) Aquellos en los que el empresario se obligue a entregar una pluralidad de bienes de forma sucesiva y por precio unitario sin que la cuantía total se defina con exactitud al tiempo de celebrar el contrato, por estar subordinadas las entregas a las necesidades del adquirente.

b) Los que tengan por objeto la adquisición y el arrendamiento de equipos y sistemas de telecomunicaciones o para el tratamiento de la información, sus dispositivos y programas, y la cesión del derecho de uso de estos últimos.

c) Los de adquisición de programas de ordenador desarrollados a medida.

d) Los de fabricación, por los que la cosa o cosas que hayan de ser entregadas por el empresario deban ser elaboradas con arreglo a características peculiares fijadas previamente por la entidad contratante, aun cuando esta se obligue a aportar, total o parcialmente, los materiales precisos.

4. Están sujetos a regulación armonizada los contratos de obras y los contratos de concesión de obras públicas cuyo valor estimado sea igual o superior a:

a) 5.538.000 euros.
b) 6.581.000 euros.
c) 8.615.000 euros.
d) 1.861.000 euros.

5. De los siguientes, son contratos privados los contratos celebrados por una Administración Pública que tengan por objeto:

a) La suscripción a revistas, publicaciones periódicas y bases de datos.
b) La concesión de servicios públicos.
c) Los contratos de colaboración entre el sector público y el sector privado.
d) La adquisición de suministros.

6. Conforme al artículo 1.3 de la Ley 9/2017, siempre que guarde relación con el objeto del contrato, en toda contratación pública se incorporarán de manera transversal y preceptiva criterios sociales y:

a) Divulgativos.
b) Comunitarios.
c) Medioambientales.
d) Judiciales.

7. En virtud de la Ley 9/2017 (art. 6.1.a), se presumirá que las entidades intervinientes en un convenio tienen vocación de mercado cuando realicen en el mercado abierto un porcentaje de las actividades objeto de colaboración igual o superior a:

a) El 10%.
b) El 20%.
c) El 50%.
d) El 30%.

8. Un conjunto de trabajos de construcción o de ingeniería civil, destinado a cumplir por sí mismo una función económica o técnica, que tenga por objeto un bien inmueble, es denominado por la Ley 9/2017:

a) Una infraestructura.
b) Patrimonio material.

c) Una obra.
d) Un servicio público.

9. En un contrato de concesión de obras, cuando no esté garantizado que, en condiciones normales de funcionamiento, el concesionario vaya a recuperar las inversiones realizadas ni a cubrir los costes en que hubiera incurrido como consecuencia de la explotación de las obras que sean objeto de la concesión, se considerará que el mismo asume un riesgo:

a) Operacional.
b) Virtual.
c) General.
d) Provisional.

10. Los contratos que tengan por objeto la adquisición de energía primaria o energía transformada se consideran:

a) Contratos de concesión de servicios.
b) Contratos de suministros.
c) Contratos privados.
d) Contratos de servicios.

Solución al test n.º 27

1. d) Los contratos onerosos, cualquiera que sea su naturaleza jurídica, que celebren las Mutuas de Accidentes de Trabajo y Enfermedades Profesionales de la Seguridad Social.

2. b) Contratos de suministro.

3. c) Los de adquisición de programas de ordenador desarrollados a medida.

4. a) 5.538.000 euros.

5. a) La suscripción a revistas, publicaciones periódicas y bases de datos.

6. c) Medioambientales.

7. b) El 20%.

8. c) Una obra.

9. a) Operacional.

10. b) Contratos de suministros.

TEST N.º 28

Actuaciones administrativas preparatorias de los contratos. Procedimientos y forma de adjudicación: procedimientos de adjudicación, subasta y concurso. Contrato de obras: objeto del contrato; contratos menores; proyecto y clasificación de las obras

1. En relación al expediente de contratación, NO es cierto que:

a) El expediente deba referirse a la totalidad del objeto del contrato.

b) En todo caso, se han de incorporar al expediente el pliego de cláusulas administrativas particulares y el de prescripciones generales.

c) Debe incorporarse al expediente el certificado de existencia de crédito.

d) El expediente se iniciará por el órgano de contratación, que ha de motivar la necesidad del contrato.

2. En qué tipo de contratos se ha de justificar adecuadamente en el expediente el informe de insuficiencia de medios (art. 116):

a) En los contratos de servicios.

b) En los contratos de suministros.

c) En los contratos de concesión de obras.

d) En los contratos de obras.

3. Conforme a la Ley 9/2017, de 8 de noviembre, de Contratos del Sector Público, la resolución motivada por el órgano de contratación aprobando un expediente de contratación y disponiendo la apertura del procedimiento de adjudicación, implicará con carácter general (art. 117):

a) La apertura del plazo para el depósito de la garantía provisional.

b) La preferencia para el despacho del expediente por los distintos órganos que intervengan en la tramitación.

c) La motivación de que no se está alterando el objeto del contrato.

d) La aprobación del gasto.

4. En relación a la resolución de aprobación del expediente de contratación, NO es cierto que:

a) Será una resolución motivada dictada por el órgano de contratación.
b) En ella se dispone la apertura del procedimiento de ejecución.
c) Generalmente, implicará la aprobación del gasto.
d) Debe ser objeto de publicación en el perfil de contratante.

5. Las prescripciones técnicas de los contratos:

a) Proporcionarán a los empresarios acceso en condiciones de igualdad al procedimiento de contratación.
b) Tienen por efecto la creación de obstáculos, justificados o no, a la apertura de la contratación pública a la competencia.
c) Son especificaciones de cumplimiento voluntario aprobadas por organismos de normalización.
d) Son documentos elaborados por los organismos europeos de normalización, distintos de las normas europeas, con arreglo a procedimientos adaptados a la evolución de las necesidades del mercado.

6. En relación a las consultas preliminares del mercado para la preparación del contrato, es cierto que:

a) De las consultas realizadas se ha de intentar obtener un objeto contractual tan concreto y delimitado que únicamente se ajuste a las características técnicas de uno de los consultados.
b) Las consultas realizadas podrán comportar ventajas respecto de la adjudicación del contrato para las empresas participantes en aquellas.
c) Durante el proceso de consultas, el órgano de contratación podrá revelar a los participantes en el mismo las soluciones propuestas por los otros participantes.
d) Con carácter general, el órgano de contratación al elaborar los pliegos deberá tener en cuenta los resultados de las consultas realizadas.

7. Completado el expediente de contratación el órgano de contratación dictará resolución aprobando el expediente. No es cierto que:

a) Dicha resolución tenga que ser motivada.
b) En dicha resolución se tenga que disponer la apertura del procedimiento de adjudicación.
c) La resolución deba ser objeto de publicación en el perfil de contratante.
d) Dicha resolución implique, en todo caso, la aprobación del gasto.

8. En los contratos menores de más de 5.000 euros, la tramitación del expediente exigirá la emisión de un informe del órgano de contratación justificando de manera motivada la necesidad del contrato y que no se está alterando su objeto con el fin de evitar la aplicación de los umbrales de este tipo de contratos. Asimismo, se requerirá la aprobación del gasto y la incorporación al mismo de la factura correspondiente. ¿En qué contrato menor deberá añadirse, además, el presupuesto?

a) En el de obras.
b) En el de suministros.
c) En el de servicios.
d) En el de concesión de servicios.

9. El plazo de inicio de la ejecución de un contrato calificado de urgente, no podrá exceder, a contar desde la formalización, de:

a) 10 días.
b) 20 días.
c) Un mes.
d) Tres meses.

10. El artículo 127 de la Ley de Contratos del Sector Público, define como "cualquier documento, certificado o acreditación que confirme que las obras, productos, servicios, procesos o procedimientos de que se trate cumplen determinados requisitos" a:

a) La prescripción técnica.
b) La etiqueta.
c) La clasificación.
d) El expediente de contratación.

En MADTEST tienes **más preguntas de este tema**, y todos tus avances quedan registrados y se reflejan en el ranking.

¡Supera tus límites con MADTEST!

Solución al test n.º 28

1. b) En todo caso, se han de incorporar al expediente el pliego de cláusulas administrativas particulares y el de prescripciones generales.

2. a) En los contratos de servicios.

3. d) La aprobación del gasto.

4. b) En ella se dispone la apertura del procedimiento de ejecución.

5. a) Proporcionarán a los empresarios acceso en condiciones de igualdad al procedimiento de contratación.

6. d) Con carácter general, el órgano de contratación al elaborar los pliegos deberá tener en cuenta los resultados de las consultas realizadas.

7. d) Dicha resolución implique, en todo caso, la aprobación del gasto.

8. a) En el de obras.

9. c) Un mes.

10. b) La etiqueta.

Cómo acceder al Curso

Cuerpo Administrativo
Test del temario

El uso de los códigos **es exclusivo de los compradores de los productos de Editorial MAD**. Cada producto posee un código único y de un solo uso. Es personal e intransferible y da acceso a servicios y contenidos adicionales. Editorial MAD se reserva el derecho de hacer cuantas comprobaciones sean necesarias para identificar al legítimo poseedor del código y dejar de dar servicio a quien haga uso fraudulento del mismo, además de emprender cuantas acciones legales estime oportunas según la legislación vigente.

Deberás acceder a:

mad.es/registro-campus

Si una vez aceptadas las condiciones de uso del Campus decides hacer uso del mismo, necesitarás del siguiente código de acceso junto con los códigos del resto de títulos que se exigen (si fuera el caso):

6FY589AWT3